Este livro foi desenvolvido com o propósito de promover um encontro diário entre pais e filhos. Seu conteúdo é voltado ao aprendizado de valores morais universais, de uma maneira descontraída e afetiva. Ao considerar que o caráter de uma pessoa tem os principais traços definidos nos primeiros sete anos de vida, é importante que cada interação ocorra em um tempo significativo, no qual se valorize a qualidade das relações familiares, com o objetivo de construir o bom caráter da criança.

Para obter um resultado ainda mais proveitoso, sugerimos aos pais ou contadores da história que leiam com antecedência o texto. É importante lembrar que contar uma história é mais do que ler: é usar a entonação adequada para cada situação, descrever cenários, interpretar e dar vida aos momentos de ação, suspense e emoção. Enfim, é viver a história em todas as suas nuances.

Nesta edição, você encontra 90 reflexões diárias relacionadas às *experiências* compartilhadas no dia a dia. Conheça os diversos personagens e, na sequência, divirta-se com as aventuras do Smilingüido e seus amigos. Cada dia começa com um versículo bíblico, na versão da NTLH, seguido por uma história ilustrada que aborda o tema de maneira criativa. São propostas ainda perguntas para interagir e refletir com as crianças.

É uma excelente ferramenta para que você possa praticar, em amor, o conselho bíblico do rei Salomão: "Eduque a criança no caminho em que deve andar, e até o fim da vida não se desviará dele" (PROVÉRBIOS 22:6).

Aproveite o privilégio de educar as crianças como dádiva de Deus para este tempo. Boa leitura!

Os editores

Dia a dia com Smilingüido e sua turma — Compartilhando experiências
© 2022 EDITORA LUZ E VIDA
Publicado, com a devida licença, por Publicações Pão Diário.
Todos os direitos reservados.

EQUIPE LUZ E VIDA
Editor: Samuel Eberle
Coordenação geral: David Fehrmann
Coordenação e projeto gráfico: Cristiane Maass Wieler
Direção de arte: Jaqueline J. V. Firzlaff
Arte: André Warkentin, Andrea L. Fylyk, Antonio C. Boamorte, Cezar A. Wolf dos Santos, Cristiane Maass Wieler, Cristiane Nogueira Matenauer, Eliane Maass Sirqueira, Eloir A. da Veiga, Felipe F. da Silva, Fernando R. Rodrigues, Jair Cunha da Silva, Janete C. Trindade, Karine Fuchs, Lia S. Souza Wandscheer, Marianne B. Richter Dias, Roberto Corrêa Gonçalves, Samara de Araújo Barbosa, Sandra Carvalho
Revisão: Cristiane Buhr Voth, Cristiane Maass Wieler, David Fehrmann, Jaqueline J. V. Firzlaff, Josias Brepohl, Mônica Ludvich, Renata Ballarini Coelho, Silvana Pinheiro Taets, Tatiana Montefusco
Colaboração: Adolf Carl Krüger – Biólogo (CRB 25081 03D)

Dados Internacionais de Catalogação na Publicação (CIP)

Dia a dia com Smilingüido e sua turma — Compartilhando experiências / editor Samuel Eberle dos Santos – Curitiba/PR, Publicações Pão Diário.

1. Devocional; 2. Vida cristã; 3. Educação cristã infantil; 4. Experiências.

Proibida a reprodução total ou parcial, sem prévia autorização, por escrito, da editora. Todos os direitos reservados e protegidos pela Lei 9.610, de 19/02/1998.

Exceto quando indicado no texto, os trechos bíblicos mencionados são da edição Nova Tradução na Linguagem de Hoje © 2011 Sociedade Bíblica do Brasil.

Publicações Pão Diário
Caixa Postal 4190,
82501-970 Curitiba/PR, Brasil
publicacoes@paodiario.org
www.publicacoespaodiario.com.br
Telefone: (41) 3257-4028

Código: N4015
ISBN: 978-65-5350-054-9

1.ª edição: 2022 • 2.ª impressão: 2023

Impresso na China

Os escritores

Aline de Salles Ferreira (AF)
Caprice Baliero Winter (CW)
Cláudio Marcos Figueiredo (CF)
Claus Vitor Wieler (CVW)
Cristiane Maass Wieler (CMW)
Cristina Welzel da Silva (CS)
Debora Musumeci Serri (DMS)
Djanira dos Santos Siqueira (DS)
Edile Maria Fracaro Rodrigues (ER)
Ester Saphira Storck (ES)
Germaine Monika Schneider da Silva (MS)
Guisela Araújo (GA)
Herbert Denard Alvarenga Farias (HF)
Helena Cecília Carnieri (HC)
Iliana Willig (IW)
Ingrid Prado (IP)
Jaqueline J. Vogel Firzlaff (JF)
Josias Brepohl (JB)
Juliana Pompeo Helpa (JH)
Karim Midhat Serri (KS)
Karine Fuchs (KF)
Lucila Sant'Ana Alves Lis (LL)
Mara Xavier Melnik (MM)
Maria Angela Piovezan Figueiredo (MF)
Melina Pockrandt (MP)
Myrta August Kroeger (MK)
Neusa Maria Santos de Almeida (NA)
Priscila Rodrigues Aguiar Laranjeira (PL)
Renata Balarini Coelho (RB)
Ricardo Wieler (RW)
Sandra Pina (SP)
Sandra Poppof (SPP)
Silvana Pinheiro Taets (ST)
Tainah de Pauli Siqueira (TS)
Taís Serafim Souza da Costa (TSC)
Tereza Cristina Manassés (TM)

O mundo das formigamigas

O mundo das Formigamigas, onde o Smilingüido e sua turma vivem suas histórias, não é de homens, mas de formigas e fantasia. Os pequenos representam crianças de 8 anos e têm como figuras de pai e mãe o mestre Formisã e a rainha Formosa. Estes têm a responsabilidade de ensinar, aconselhar, repreender, prover necessidades e exercer autoridade sobre os pequenos com amor e justiça. As formigamigas são uma grande família que vive em meio à floresta brasileira com outros insetos. Elas são pequenas, frágeis, solidárias, trabalhadoras e organizadas como qualquer formiga. Porém, são especiais, porque descobriram como se relacionar com o Senhor Criador de uma forma simples e natural. Por meio de muita brincadeira, erros e acertos, alegrias e frustrações, as formigamigas experimentam o amor e o cuidado dele, conhecem-no cada dia mais e aprendem a aplicar Seus valores. Smilingüido, Piriá, Pildas, Forfo, Faniquita, Taploft, Talento, Tolero e Flau são as formigas pequenas que compõem a turma desse formigueiro.

Essas formiguinhas são bem espertas, e nós, humanos, até temos algo a aprender com elas!

As formigamigas

SMILINGÜIDO

Smilingüido é amigo do Senhor Criador, conversa e mantém um relacionamento aberto com Ele. É amoroso, interessado, esforçado, participativo e conciliador. Procura resolver conflitos de maneira pacífica e teme magoar os amigos. Smilingüido é dramático, carinhoso, perfeccionista, toca violão e compõe musiquinhas.

FANIQUITA

Faniquita é espoleta, escandalosa, ansiosa e impaciente. Gosta de homenagens, é muito animada e sonha em ser rainha um dia. E também é a maior fã da rainha Formosa.

PIRIÁ

Piriá é uma formiga que veio do sul da floresta: eis o porquê do sotaque sulista - mais especificamente de Santa Catarina.

Piriá e Smilingüido são grandes amigos embora sejam bem diferentes um do outro. Piriá é intempestivo e pensa muito em si. Chega a ser imprudente em seus ímpetos, mas não mal-intencionado.

Convive com seus defeitos e não se preocupa com eles.

Piriá não gosta de drama, de sentimentalismo - só se for para interesse próprio - e aprecia ser reconhecido.

Entretanto, quase sempre ele reconhece suas mancadas diante do amor do Criador.

FORFO

Forfo é alegre, bonachão, sensível e, às vezes, ingênuo. Gosta muito de gabiri, uma frutinha muito saborosa. É companheiro, um grande amigo que está sempre pronto a ajudar.

PILDAS

Pildas é amigo, destemido, simples e criativo. É desligado, não esquenta a cabeça com problemas. Chega a causar espanto com seu jeito descansado, mas não recua diante de um desafio. É esportivo, inventa coisas, faz brinquedos. Gosta de farinha de rosca e possui um bornalzinho, um saquinho para carregá-la. Veio do nordeste e tem sotaque característico do interior.

TALENTO & TOLERO

Talento e Tolero — irmãos gêmeos — são lentos, simétricos e espelhados. Não são bobos, só lentos. Nunca se apressam e estão sempre sorridentes. Quando um diz: "Vai chover", o outro repete: "É, chover". São pacientes, tolerantes, calmos e tranquilos.

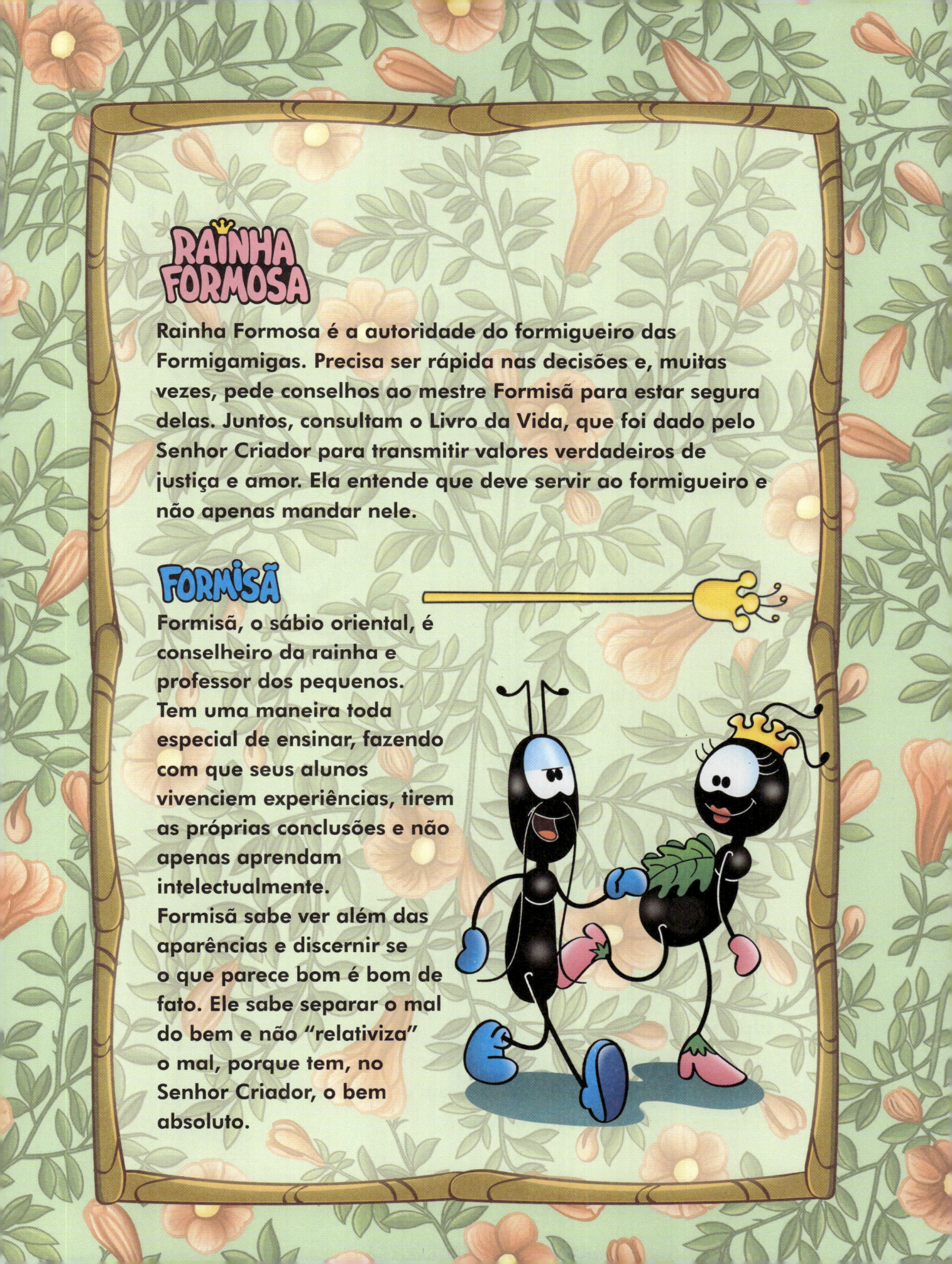

RAINHA FORMOSA

Rainha Formosa é a autoridade do formigueiro das Formigamigas. Precisa ser rápida nas decisões e, muitas vezes, pede conselhos ao mestre Formisã para estar segura delas. Juntos, consultam o Livro da Vida, que foi dado pelo Senhor Criador para transmitir valores verdadeiros de justiça e amor. Ela entende que deve servir ao formigueiro e não apenas mandar nele.

FORMISÃ

Formisã, o sábio oriental, é conselheiro da rainha e professor dos pequenos. Tem uma maneira toda especial de ensinar, fazendo com que seus alunos vivenciem experiências, tirem as próprias conclusões e não apenas aprendam intelectualmente. Formisã sabe ver além das aparências e discernir se o que parece bom é bom de fato. Ele sabe separar o mal do bem e não "relativiza" o mal, porque tem, no Senhor Criador, o bem absoluto.

TAPLOFT

Taploft é o intelectual da turma. Inteligente, estudioso, gosta de ler e fazer pesquisas. Ele se identifica com o mestre Formisã, e seu sonho é ser ministro da rainha.

FORMIDÁVEL

Formidável é o mensageiro da rainha. Ele é todo atrapalhado, pois essa grande responsabilidade de informar corretamente o deixa tão nervoso, que ele acaba fazendo uma verdadeira salada de frutas... Mas, com a ajuda do Senhor Criador, ele sempre acaba dando conta do recado.

FLAU

Flau está sempre na moda, é vaidosa e gosta de ser o centro das atenções. Anda com ar de superioridade e é teimosa.
Ainda não conhece muito bem o Senhor Criador, mas está aprendendo com o Livro da Vida e os amigos do formigueiro.

Outros habitantes da Floresdeira

INSETOS

Os insetos formam o maior grupo de animais. Eles são muito numerosos e estão em todo lugar. Você já observou os insetos que estão à nossa volta? Formigas, besouros, moscas, grilos, borboletas e muitos outros. Existem muitos tipos de insetos, mas todos possuem seis pernas. Os insetos também têm um par de antenas, e muitos apresentam asas. Há insetos que podem voar bem rápido, alguns voam a mais de 50 km/h. As borboletas não batem as asas muito rápido e não fazem mais de 20 batimentos de asa por segundo. As abelhas são mais velozes e batem as asas cerca de 190 vezes por minuto. Entretanto, os que agitam as asas mais rapidamente são os mosquitos: alguns chegam a ter mil batimentos por segundo. Alguns insetos produzem coisas muito boas para o homem como o mel, por exemplo, feito pelas abelhas. Outros podem causar doenças, mas todos são importantíssimos na natureza; por exemplo, para polinizar as plantas.

ABELHAS

As abelhas são insetos sociais.
Os animais sociais vivem em colônias onde os indivíduos dependem uns dos outros e são divididos em diferentes tipos: existe a rainha, responsável pela colônia, existem as operárias, que realizam diversos trabalhos, e podem existir também os soldados, responsáveis pela defesa da colônia.
Entre as abelhas, as operárias, que podem chegar a 80 mil em uma colônia, não vivem muito tempo e a rainha pode pôr até mil ovos por dia para que nasçam novas abelhas.
Quando uma abelha encontra uma fonte de alimento, executa uma dança e produz sons para indicar o local exato para as outras abelhas. Elas usam a posição do sol para sua orientação.
O mel é elaborado pelas abelhas com o néctar das flores.

FORMIGAS

As formigas são insetos sociais. Uma colônia de formigas, que chamamos de formigueiro, pode ter mais de 2 milhões de formigas operárias. Estas podem andar até mais de cem metros em busca de folhas e chegam a colher cerca de 50 quilos de vegetação num dia. Elas não comem as folhas, mas, dentro do formigueiro, criam fungos (cogumelos e mofos são fungos) que consomem essas folhas, e as formigas comem os fungos.

CUPINS

Os cupins, que também são insetos sociais, podem construir grandes ninhos, que chamamos de cupinzeiros. Esses ninhos podem ter vários metros de altura e diferentes formatos e possuem sistemas de ventilação muito eficientes para renovar o ar. Em uma colônia de cupins, podemos encontrar alguns milhares ou até mesmo milhões desses insetos. O rei e a rainha da colônia podem viver muitos anos, e uma rainha pode colocar milhares de ovos por dia. A maior parte do trabalho é feita pelos cupins operários, que buscam comida, alimentam a rainha e os soldados, constroem e fazem reparos no ninho. Os cupins soldados são responsáveis pela defesa da colônia. Existem também cupins que vivem em troncos de árvores ou de madeira, como postes e até em móveis das nossas casas.

BORBOLETA ou MARIPOSA?

As borboletas voam durante o dia e, quando pousam, mantêm as asas unidas e levantadas. As mariposas são noturnas e pousam com as asas distendidas para os lados.
Tanto as borboletas quanto as mariposas passam por grandes transformações durante a vida. As formas jovens são as lagartas. Elas vivem comendo para depois fecharem-se dentro de um casulo até que transformem-se em adultas com asas.

BICHO-PAU
Os bichos-pau recebem esse nome porque são muito parecidos com galhos verdes ou secos. Algumas espécies podem medir mais de 20 centímetros de comprimento, e a maior espécie conhecida chega a ter 33 centímetros. Em geral, eles ficam sem se mexer ou têm movimentos muito lentos.

CIGARRAS
As cigarras, junto com os grilos e gafanhotos, são insetos que produzem uma quantidade de som especialmente notável. O som produzido pelas cigarras serve para reunir esses animais. Elas possuem órgãos especiais que produzem o som por meio de vibrações.

CENTOPEIA
Existe uma espécie de centopeia gigante que pode chegar a 26 centímetros de comprimento, mas a maioria é bem menor do que isso. As centopeias podem ter entre 15 e 170 pares de pernas. Elas se alimentam de pequenos animais. Algumas espécies podem ter picadas doloridas.

VAGA-LUME
Um tipo especial de besouro é o vaga-lume. Os vaga-lumes utilizam os sinais de luz para se comunicar. Aquelas luzes que vemos piscando servem como sinais visuais para que os vaga-lumes possam se encontrar.

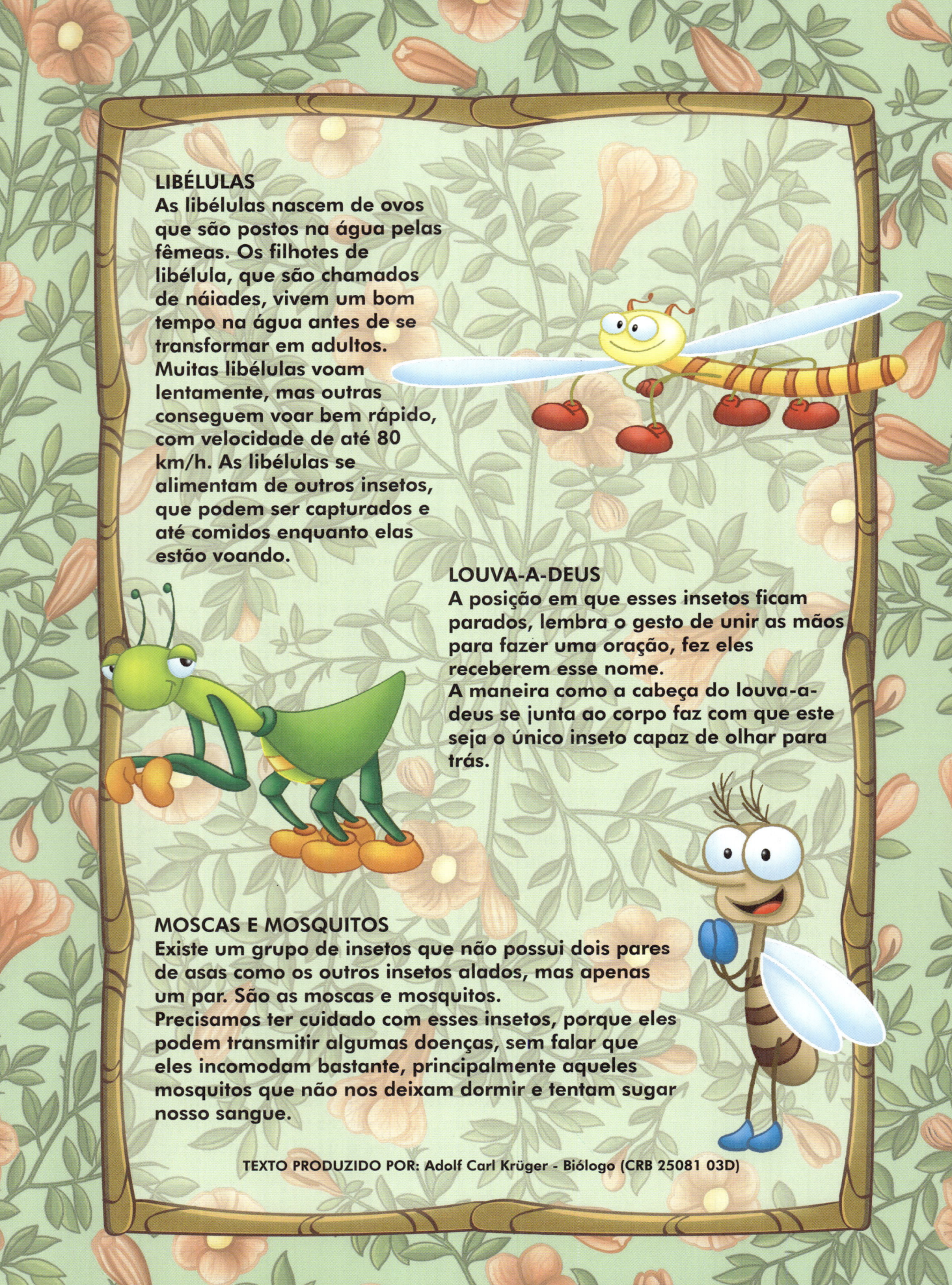

LIBÉLULAS
As libélulas nascem de ovos que são postos na água pelas fêmeas. Os filhotes de libélula, que são chamados de náiades, vivem um bom tempo na água antes de se transformar em adultos. Muitas libélulas voam lentamente, mas outras conseguem voar bem rápido, com velocidade de até 80 km/h. As libélulas se alimentam de outros insetos, que podem ser capturados e até comidos enquanto elas estão voando.

LOUVA-A-DEUS
A posição em que esses insetos ficam parados, lembra o gesto de unir as mãos para fazer uma oração, fez eles receberem esse nome.
A maneira como a cabeça do louva-a-deus se junta ao corpo faz com que este seja o único inseto capaz de olhar para trás.

MOSCAS E MOSQUITOS
Existe um grupo de insetos que não possui dois pares de asas como os outros insetos alados, mas apenas um par. São as moscas e mosquitos.
Precisamos ter cuidado com esses insetos, porque eles podem transmitir algumas doenças, sem falar que eles incomodam bastante, principalmente aqueles mosquitos que não nos deixam dormir e tentam sugar nosso sangue.

TEXTO PRODUZIDO POR: Adolf Carl Krüger - Biólogo (CRB 25081 03D)

A grande seca

Dia 01

"... Ele dá alimento a todos no tempo certo." Salmo 145.15

Fazia tempo que não chovia. Tudo estava muito seco.

— Precisamos economizar água. Os rios estão secando, e não sabemos quando vai chover. Não desperdicem água! — avisou a rainha Formosa.

Mais alguns dias se passaram e nada de chuva. Sol quente, céu azul sem nenhuma nuvem. As folhas que estavam verdes e gostosas começaram a murchar e ficar amarelas. As formigamigas se lembravam da Floresdeira no tempo em que era verdinha, cheia de folhas e frutas suculentas.

— Era tão bom pular da pedra na água fresquinha e ficar ali, brincando... — comentavam os pequenos, com saudade.

— Por que a gente só valoriza as coisas quando não as tem mais? — todos se perguntavam.

A rainha estava preocupada e chamou o mestre Formisã:

— Em consequência da falta de água, está cada vez mais difícil achar comida. Como vamos alimentar todas as formigas do formigueiro?

— Não podemos fazer nada, somente orar e crer que o Senhor Criador logo vai mandar a chuva. Só ele tem esse poder — respondeu mestre Formisã.

Assim, todos se juntaram para orar:

— Senhor Criador, agradecemos por cada dia de sol, mas precisamos de água. Por favor, mande chuva. Nós confiamos no Senhor. Amém!

A chuva demorou a cair; porém, todos os dias, as formigamigas oravam, confiando pacientemente em seu Criador. E, enquanto esperavam, ele não lhes deixou faltar nada. Assim, as formigas se tornaram mais gratas ao Senhor Criador e aprenderam a valorizar ainda mais o cuidado dele. (MS)

Como estava o dia hoje? Ensolarado ou chuvoso? Que tal agradecer a Deus por isso? Afinal, ele sabe o que é melhor para a criação!

Dia 02

Consertando as coisas

"Façam aos outros o que querem que façam a vocês..." Mateus 7.12

— Não, não e não! — Faniquita balançou a cabeça, vigorosamente, enquanto cruzava os braços e fazia uma cara bem feia.

— Mas, Fani... — pediu Pildas. — Por que você não quer brincar com a gente? Só um pouquinho...

— Por favor, não insista. Hoje eu não quero; só isso! Dá pra entender?

Pildas ficou tão triste! O que tinha acontecido com a amiga?

Depois ele lembrou que Faniquita tinha levado o maior tropeção enquanto corriam, e brincavam de pega-pega no dia anterior. Ela ficou reclamando o tempo todo que o dedo estava doendo, mas eles não tinham nem ligado. E pior, ficaram rindo dela! Pildas ficou com vergonha. Imaginou que não gostaria nem um pouquinho de ter machucado o dedo e ainda por cima aguentar a risada dos amigos. Então entendeu tudo e resolveu consertar as coisas.

— Fani! — disse ele. — Sinto muito por ontem. Fomos maus com você, rindo do seu machucado, mas quero pedir desculpas. Você é nossa A-MI-GO-NA, e queremos brincar sempre juntos! Olha, *bichim*, prometo que isso não vai acontecer de novo, tá bom?

— Ah, Pildas, tudo bem! Fiquei chateada, sim, mas já passou. Meu pé também já está bem melhor! Dá até pra brincar novamente...

— Então vamos chamar o Piriá, o Smilingüido e o Forfo? — sugeriu Pildas.

— Humm... Está bem, mas dessa vez eu é que vou pegar! — disse Faniquita.

Pildas então ficou muito feliz. Estava tudo bem outra vez. (AF)

> Você já chateou algum amigo rindo dele?
> Pense em algo de bom que você pode fazer por ele.

Nunca desejar o mal

Dia 03

"O Eterno conhece os pensamentos das pessoas..." Salmo 94.11a

Piriá não estava a fim de estudar. Smilingüido logo percebeu e perguntou:
— Piriá, o que foi? Você está bravo ou chateado? O que aconteceu?
— Não estou com vontade de ficar na aula. Ficar aqui dentro enquanto tem sol? Poderíamos brincar lá fora e nos divertir muito! — disse Piriá.

A aula começou, mas Piriá nem ouvia o que o mestre Formisã ensinava. Ele pensava em outras coisas: "Se o mestre Formisã ficasse doente não teria aula! Seria bom!" Então tentou prestar mais atenção na aula e logo esqueceu o que tinha pensado.

No dia seguinte... Hora da instrução! No entanto, onde estava o mestre Formisã? Não chegou. De repente, Pildas veio correndo e disse:
— Não vai ter aula hoje! Mestre Formisã está doente! Vamos visitá-lo?

No caminho, Piriá se lembrou do que tinha pensado no dia anterior. Ele ficou cabisbaixo e triste.

Todas as formigamigas rodeavam a cama do mestre Formisã. De repente Piriá começou a chorar. Pildas, admirado, perguntou:
— Piriá, você está chorando porque não tem aula?
— Não! Mas acho que é por minha causa que o mestre Formisã está doente! Ontem eu pensei que, se ele ficasse doente, não teria aula. E assim aconteceu! — respondeu Piriá entre lágrimas.

Mestre Formisã entendeu e falou:
— Com certeza não é sua culpa. Vocês se lembram da chuva de ontem à noite? Eu não me cuidei, me molhei e fiquei doente. Entretanto, podemos aprender com isso, Piriá. Não devemos pensar coisas ruins nem desejá-las para os outros.

Piriá se desculpou e decidiu tentar só pensar em coisas boas. (MS)

> Por que é melhor pensar em coisas boas? Pense em algo. Somente quem sabe o que você pensou?

Dia 04

O que é suborno?

"Quem procura ficar rico por meios desonestos põe a família em dificuldades; quem odeia o suborno viverá mais." Provérbios 15.27

— Pequenos, preciso dar uma saída rápida — diz mestre Formisã. — Pildas, você ficaria como meu representante enquanto estou fora? Recolha as tarefas que passei como dever de casa e anote um ponto para quem fez o dever.

— Pode deixar, mestre! Anoto tudinho! — responde Pildas enquanto Formisã sai.

— Faniquita, um ponto... Taploft, um ponto... Piriá, cadê sua tarefa?

— Psssss, Pildas! — cochicha Piriá. — Escuta: não tive tempo de terminar, mas tu podes anotar um ponto pra mim, né? Eu entrego amanhã bem cedinho. Certo?

— Nada disso, Piriá! O ponto é só pra quem fez a tarefa e entregou hoje.

— Mas ninguém precisa saber, Pildas. Só se tu contares... Me faz esse favor, vai? Em troca, posso lhe dar aquele carrinho de amendocross de que tu gostas tanto...

— Ah, Pildas! Também não consegui fazer a lição... Posso lhe dar um pedaço da torta de gabiri do meu lanche em troca de um ponto. — diz Forfo.

— Mas... Não posso fazer isso! Ou posso? E muitos colegas começam a pedir-lhe pontos.

— Socorro! Não! Nãããooo!!! — Pildas começa a gritar e acorda assustado.

A rainha corre para o quarto dele e pergunta o que aconteceu. Pildas conta tudo.

— Pildas, tudo não passou de um sonho ruim. Porém no Livro da Vida aprendemos que não devemos subornar nem aceitar suborno! — diz a rainha.

— E o que é suborno? — pergunta Pildas.

— Suborno é oferecer uma coisa a alguém para fazer essa pessoa desistir de cumprir um dever. E o Senhor Criador não gosta disso — explica a rainha.

— *Oxente*, rainha! Então mesmo dormindo aprendi uma lição: se alguém tentar oferecer ou quiser que eu dê esse tal de suborno, devo dizer "NÃO!" (LL)

Você já tentou subornar alguém?
O suborno é algo que agrada a Deus?

O segredo de uma caixinha

Dia 05

"... Façam oração uns pelos outros..." Tiago 5.16b

A turma descobre que Faniquita guarda uma caixinha debaixo da cama.

— O que será que tem lá dentro? — pergunta Pildas.

— Deve ser uma caixa cheia de docinhos — diz Forfo, com água na boca.

— Nada disso! Fani não esconderia comida dos amigos! — defende Smilingüido.

— Estou curioso... Vamos abri-la só um pouquinho! — fala Piriá, ansioso.

— Melhor não! — gritou Pildas. — É errado *bisbilhotar* as coisas dos amigos.

— Já sei: vamos nos esconder e, quando a Fani vier abri-la, nós saberemos o que é — sugere Forfo.

— Boa ideia! — disseram todos e se esconderam.

Após alguns minutos, Faniquita entrou no quarto, pegou a caixa e tirou dela um papel. Leu e começou a orar. Os amigos ficaram se perguntando sobre o que estava escrito naquele papel. Ao acabar a oração, Faniquita ouviu barulhos.

— Quem está aí? — perguntou ela.

— Somos nós! — todos apareceram, falando ao mesmo tempo.

— O que vocês fazem aí?

— Ah, queremos saber o segredo dessa caixinha — disse Piriá, curioso.

— Não há segredo! São papéis. Neles, escrevi o nome dos meus amigos pra orar por eles. Cada dia tiro um nome.

— Tu oras por nós? Legal! E o Forfo pensando em doces... — disse Piriá.

— Gostei da ideia, Fani. Vou ter uma caixinha também — comentou Smilingüido.

— É muito bom quando oramos uns pelos outros — explicou Faniquita.

— Não ficaremos de fora, amigona! Sua ideia é muito boa! — disse Piriá.

(NA)

Você ora pelos seus amigos?
Que tal também fazer uma "caixinha de oração"?

Dia 06

Ouvindo os mais velhos

"E vocês, jovens, sejam obedientes aos mais velhos..." 1 Pedro 5.5a

Todos os dias a turminha buscava pedacinhos de morangos para guardar no formigueiro. Iam sempre em fila, porque eram muito organizados.

Certo dia a rainha chamou todas as formiguinhas para dar um aviso:

— Pequenos: perto dos morangos há uma planta que tem umas frutinhas vermelhas, redondinhas e bem pequenas. São muito bonitas, mas perigosas, muito perigosas. Elas dão uma dor de barriga bem forte. Por isso, peço: vocês não devem chegar perto delas e muito menos comê-las!

Enquanto ela falava, Smilingüido pensava o quanto a frutinha deveria fazer mal.

Já o Piriá imaginava qual seria o gostinho dela e nem ligou para o aviso da rainha. Foi logo convidar Smilingüido para ir com ele conhecer a tal frutinha. Smilingüido não aceitou e ainda pediu para Piriá não ir. Mas ele estava muito curioso e foi chamar o Pildas.

— Oxente! Você está doido?! Vai morrer de dor de barriga... Eu não vou!

Piriá resolveu ir sozinho mesmo. Rodeou a planta das frutinhas vermelhas, olhou-as e agarrou uma. Sentado, começou a comê-la. Não demorou muito para começar a dor. Quando a dor ficou bem forte, gemeu tanto que até o Smilingüido ouviu e foi ajudá-lo a voltar para o formigueiro.

Lá, ele teve de ficar muito tempo de repouso e tomando muita água.

A rainha Formosa foi visitá-lo e dizer que não foi certo ter desobedecido à ordem de ficar longe daquela frutinha:

— Nós os mais velhos queremos o melhor para vocês, Piriá. É preciso nos ouvir, pois somos orientados pelo Senhor Criador. E é ele quem ajuda os pequenos a obedecerem. Basta pedir sua ajuda. (CW)

> Por que você deve obedecer às ordens de seus pais e professores? Obedecendo aos mais velhos, você estará obedecendo também a D_____.

Dividindo o que é meu

Dia 07

"... Que sejam generosos e estejam prontos para repartir com os outros o que têm." 1 Timóteo 6.18b

A turminha está saindo para uma expedição pela Floresdeira.
— Eu trouxe água fresquinha pra todos! — diz Faniquita.
— Se alguém sentir fome, meu bornalzinho está cheio de farinha de rosca! — oferece Pildas.
— Eu trouxe um pote de mel pra dividir com vocês — fala Smilingüido.
— Então mel não vai faltar, pois eu trouxe um pote também! — diz Forfo.
Piriá estava com um saco cheio de gabiris, mas disse:
— Acho que não vai dar pra dividir minhas gabiris, pois o que tenho só dá pra mim — justifica-se ele.
— Mas, Piriá, tem muitas gabiris nesse saco! — comenta Faniquita.
— É, mas se eu dividir, vão ficar poucas, né?
— Mas se cada um dividir com o outro o que trouxe, não vai faltar nada. E todos comeremos um pouco de cada comida — explica Smilingüido.
— Bem... Pensando assim... Está bem, vou dividir minhas gabiris com todos — decide Piriá.
— Muito bem, Piriá! Isso sim agrada ao Criador — diz o mestre. — Dividir com os outros é uma atitude que demonstra que queremos seguir o exemplo do próprio Criador. Ele não deixou de compartilhar conosco o que tinha de mais precioso: seu Filho, que ele enviou ao mundo.
— É verdade! O Criador poderia ter ficado com ele lá no céu, só pra si, assim como o Piriá poderia ter comido suas gabiris sozinho... — completou Faniquita.
— Mas o amor do Criador por nós é muito grande, e ele quer que aprendamos a amar uns aos outros assim como ele nos ama — concluiu o mestre.

(MM)

Você divide o seu lanche com os amigos da escola? Deus nos deu o maior exemplo de amor. O que ele dividiu conosco?

Dia 08

O sonho de Faniquita

"As pessoas podem fazer seus planos, porém é o Deus Eterno quem dá a última palavra." Provérbios 16.1

Mestre Formisã começou a aula perguntando:
— Quem tem alguma novidade para contar?
— Eu! — gritou Faniquita. — Nesta noite, tive um sonho liiiindo!
— Então nos conte, Fani, qual foi o sonho? — pediu o mestre.
— Sonhei que fui coroada rainha, e a coroa era de pedrinhas brilhantes!
— Eu sabia que o sonho era esse — comentou Piriá.
— É um lindo sonho, mas não fique preocupada com isso, Fani. Viva o dia de hoje, pois há tempo para tudo — aconselhou o mestre.
— Não entendi esse negócio de "tempo pra tudo" — disse Faniquita.
— Eu disse que, se você tiver de ser rainha, esse dia chegará, Fani. Não fique ansiosa — Formisã explicou.
— Aiii... Mas não consigo me controlar, mestre. Eu sonho até acordada!
— Agora é tempo de ser pequena, Fani. O futuro está nas mãos do Criador.
— Quer dizer que ainda não é o tempo certo de eu ser rainha, né?
— Isso mesmo. Tudo no tempo certo, o tempo do Criador — afirmou o mestre. — Lembre-se de que uma sementinha precisa de certo tempo para virar uma linda planta.
— E eu preciso crescer pra ser rainha — completou Faniquita.
— É isso! Para ser uma boa rainha, é preciso também saber esperar.
— Acho que o senhor está certo... Já sei! Depois da aula, vou combinar com a Flau de brincarmos de ser rainha! — disse ela cheia de ideias. (NA)

Conte algo bom que aconteceu no passado, algo bom que aconteceu hoje e algo que você sonha para o futuro. Somente quem sabe se o seu sonho vai se realizar?

Pedra polida

"Ele está perto dos que estão desanimados e salva os que perderam a esperança." Salmo 34.18

Dia 09

Forfo olhou seu reflexo na água durante muito tempo. Ele parecia muito inconformado com o que via e fez uma cara muito feia.

— Forfo, vamos andando — chamou Pildas. — O mestre já está lá na frente.

E o Forfo não saiu do lugar. Faniquita precisou "arrancá-lo" de lá.

— O que houve? — perguntou ela. — Você está com uma cara...

— Você não acha que eu estou um pouco gordinho? Olhe só pra mim! Desse jeito, todos pensam que nunca posso ganhar uma corrida nem uma partida de bolinha de gude!

— Espera aí! — interrompeu Piriá. — A gente não pensa nada disso, não!

O mestre Formisã, sempre atento a tudo, parou o passeio que estava fazendo com a turminha e chamou todos.

— Vejam, pequenos — começou ele. — Estão vendo essa pedra? Vocês conhecem o diamante? Aquela pedra que eu mostrei num livro outro dia e que vale uma fortuna? Bem, quando encontrado na forma bruta, o diamante não passa de uma pedra assim. Ele deve ser polido para que sua beleza e seu valor apareçam.

— Puxa, um diamante bonito sai de uma pedra comum!? — admirou-se Faniquita.

— Exatamente. Isso se parece um pouco com o que acontece conosco — continuou o mestre. — Às vezes, nós nos sentimos como uma pedra feia e sem valor, mas o Senhor Criador nos vê como um diamante. Ele pode nos polir com seus ensinamentos e então nosso brilho aparecerá. O que realmente importa é o que você é aqui dentro, no coração. Entenderam?

Forfo saiu dali bem mais alegre! E a alegria dele contagiou a todos os amigos também. Pensando bem, ele era um diamante muito brilhante, com aquele sorriso. (AF)

O que vale mais: uma pedra comum ou um diamante? Deus quer que você seja como um _____, porque você vale muito para ele. Para deixar você cada vez mais "brilhante", Deus lhe ensina muitas coisas boas. Dê alguns exemplos.

Dia 10
É bom voltar para casa

"... Porque este meu filho estava morto e tornou a viver; estava perdido e foi achado." Lucas 15.24

Piriá e Smilingüido estavam conversando sobre a história do Livro da Vida que o mestre tinha contado na hora da instrução:

— Sabe, Smilingüido, já pensei como o filho mais moço dessa história.

— Como assim, Piriá? Pensou em ir embora?

— É, Smi. Estava cansado de todo dia acordar e fazer as mesmas coisas, ver as mesmas formigas. Então, pensei em deixar o formigueiro e ir descobrir o que tem por aí afora. Viver aventuras, sabes?

— Sei. E viajar bastante assim como o moço fez. Mas e depois, Piriá? O que será que aconteceria?

— Não sei, Smi. Nessa história, depois do rapaz gastar todo o dinheiro, passa até fome! Como ninguém o ajuda, ele decide voltar pra casa para trabalhar como empregado de seu pai. Porém, quando ele chega em casa, o pai fica tão feliz que faz até uma festa pra comemorar a volta do filho!

— E isso fez você mudar de ideia, Piriá?

— Continuo gostando de aventura e ainda quero viajar pra conhecer novas formigas. Porém, hoje, escutando essa história do Livro da Vida, me senti como aquele rapaz. Não quando ele saiu de casa, mas quando voltou.

— Quando ele voltou? Não entendi, Piriá.

— É, Smi, chegar em casa, receber um abraço de quem nos ama, ter comida, um lugar quentinho pra dormir, ver os amigos...

— É Piriá, você tem razão. Às vezes, a gente quer coisas que nem são tão boas quanto imaginamos. É melhor ficarmos felizes com o que temos.

(CS)

Você pode ler a história do filho pródigo na Bíblia, no livro de Lucas, capítulo 15, versículos 11 a 32.

Quais são as coisas boas que o Piriá tem ao chegar em casa e que ele mencionou na história? E você? Pelo que pode agradecer?

Isso já passou

"Pois eu perdoarei os seus pecados e nunca mais me lembrarei das suas maldades." Hebreus 8.12

Dia 11

Ao ver Pildas com as anteninhas baixas, Smilingüido pergunta:
— Pildas, por que você está triste?
— *Oxente*, Smilingüido! Discuti com a Faniquita e estou muito arrependido!
— Isso é fácil de resolver: vá conversar com ela, dizer como está se sentindo e pedir perdão — sugere Smilingüido.
— Já fiz isso! Ela disse que me perdoou, mas continuo me sentindo um pouco culpado! — lamenta Pildas.
— Você não precisa ficar assim, Pildas. Infelizmente, todos nós erramos. O importante é que você percebeu que estava errado e se arrependeu!
— E por que ainda continuo me sentindo assim? — pergunta Pildas.
— Pildas, esse sentimento não vem do Criador. Se você já pediu perdão, não tem por que se sentir culpado — explica Smilingüido.
— Tem certeza, Smi? — pergunta Pildas.
— Claro! O Livro da Vida nos garante que, quando pedimos perdão, o Criador nos perdoa e apaga os nossos pecados. Venha aqui, vamos orar juntos! — diz Smilingüido.
Então, Smilingüido e Pildas oram juntos, confessando que creem no que o Livro da Vida diz.
— *Eita belezura!* Já me sinto melhor! Como o mestre diz: "O Livro da Vida sempre tem respostas para nós!" Obrigado, Smilingüido! — agradece Pildas.
— Que é isso, amigão? Você sabe que, sempre que precisar, pode contar comigo! Mas quem merece um obrigado é o Criador, não é?
— *Oxente*, é mesmo! Ele merece um baita *obrigadão!*
— Agora vamos brincar com o resto da turma! Vamos! (MM)

Leia novamente o versículo de hoje. Por que você não precisa se sentir culpado depois de pedir perdão a Deus?

Dia 12

Vamos caçar um tesouro?

"Os seus ensinos são mais preciosos do que o ouro..." Salmo 19.10a

Quando a turma chega à sala de aula, o mestre diz:

— Hoje, vamos "caçar" um tesouro, o mais valioso do mundo! Aqui está o mapa. Sigam as instruções.

— Oba! — dizem as formigas iniciando a busca.

Durante a caçada, elas tentam adivinhar o que é o tesouro:

— Deve ser uma coroa igual à da raiiinha — diz Faniquita.

— Acho que é um saco de farinha de rosca... Delícia... — arrisca Pildas.

— Claro que não; é um carrinho de corrida! Zummm... — afirma Piriá.

— Acho que é um livro de aventuras — sugere Smilingüido.

— Turma, tem um X aqui no chão. O que será isso? — pergunta Forfo.

— O tesouro! - todos dizem juntos. — Achamos!

As formiguinhas começam a cavar até encontrar um baú. Ao abri-lo, que surpresa:

— O Livro da Vida! — dizem todos.

— Isso mesmo, o maior tesouro do mundo, mais precioso do que o ouro — diz Formisã, aproximando-se deles.

— Por que é mais precioso que o ouro, mestre? — pergunta Smilingüido.

— Porque o ouro vai deixar de existir um dia, mas as palavras do Criador duram para sempre; são elas que nos ensinam a viver da maneira que o Criador quer. O Livro da Vida é como uma bússola. Vocês sabem por quê?

— Eu sei: assim como a bússola mostra que direção seguir, o Livro da Vida nos conduz ao Criador. Esse é realmente o maior tesouro do mundo! — conclui Smilingüido. (MM)

Se você tivesse o mapa de um tesouro, o que você gostaria de encontrar? Por que a Bíblia é mais preciosa do que todas as coisas materiais?

O grande prêmio – Parte Um

Dia 13

"... As discussões estragam as amizades." Provérbios 18.19b

A turminha estava em ritmo de treinamento, pois a rainha iria promover uma competição de carrinho de rolenozes. O vencedor receberia um grande prêmio surpresa. O objetivo era que todos se divertissem.

— Oi, Smi! Acorda, guri! Precisamos treinar bastante pra competição.

— Calma, Piriá, ainda temos dez dias pra treinar, e são seis da manhã!

— Afinal de contas, Smi, queres ou não ganhar o grande prêmio?

— Sinceramente, Piriá? Eu quero, mas não faço tanta questão quanto você!

— É assim? Sabes de uma coisa? Vou treinar sozinho!

Ihhh, parecia que o Smilingüido e o Piriá já não estavam se entendendo tão bem por causa da competição. A rainha percebeu a agitação dos pequenos e pediu que o mestre Formisã conversasse com eles na hora da instrução:

— Olá, pequenos. Parece que a competição tem alterado os ânimos por aqui!

— Também acho — concordou Faniquita. — Desde que souberam da competição, ninguém mais brincou comigo. Todos estão treinando dia e noite.

— O treinamento é bom e faz parte de uma competição. Mas é preciso ter cuidado, porque vocês podem ganhar um prêmio e acabar perdendo um amigo!

— Concordo, mestre! Acho que perdi meu melhor amigo — disse Smilingüido triste.

— O Livro da Vida diz que as discussões estragam as amizades. Quando nos preocupamos demais com a vitória, acabamos discutindo e perdendo amigos.

— Eu não queria perder tua amizade, Smi! — disse Piriá, de cabeça baixa.

— Que tal pedir perdão um ao outro e evitar discussões daqui para a frente?

Depois de pedirem perdão e se abraçarem, Piriá disse rindo:

— Que tal treinarmos mais tarde amanhã, Smi? Às seis e meia está bom?

(JH)

Nesta história, Smilingüido e Piriá perceberam que a amizade é mais importante do que o prêmio. E você? Também acha que seu amigo é mais importante do que um brinquedo?

Dia 14

O grande prêmio – Parte Dois

"... Vocês receberão a coroa gloriosa, que nunca perderá o seu brilho." 1 Pedro 5.4b

Após muito treinamento, todos estavam preparados para a competição. As sauvitas foram convidadas para participar da corrida. Todos estavam em suas posições. Os carrinhos de rolenozes já estavam na pista. A corrida começou.

Sauro estava na frente, mas logo foi ultrapassado por Smilingüido e Piriá, que chegaram em primeiro lugar. Piriá estava radiante de alegria ao conquistar o grande prêmio surpresa! Após serem cumprimentados pelos amigos, foram até a rainha para receber o prêmio. Ela reuniu todos os competidores e disse:

— Parabéns a todos! Vocês treinaram bastante e por isso faremos uma festa de encerramento da competição da qual todos poderão participar! Meus parabéns especiais para Smilingüido e Piriá, que foram os vencedores.

— E o prêmio surpresa, rainha?

— Como premiação, você e o Smilingüido sentarão ao meu lado durante a festa, pois foram os vencedores.

— Gostei! Será uma honra sentar ao teu lado, rainha! — disse Piriá.

— Mas nós faremos essa festa para lembrar que há um prêmio muito melhor do que o de uma simples corrida: o prêmio que todos aqueles que creem no Filho do Senhor Criador receberão um dia.

— Quer dizer que nesse dia haverá muitos vencedores? — perguntou Faniquita.

— Isso mesmo! Esse prêmio, a vida eterna, será para todos os que creem e andam a cada dia perto do Filho do Senhor Criador. Ele será melhor do que qualquer outro prêmio, pois nunca acabará!

— Legal, rainha! Quer dizer que não ganhei essa corrida aqui, mas posso ganhar a corrida eterna se andar perto dele todos os dias de minha vida! — disse Forfo contente. (JH)

Você já ganhou algum prêmio por ter vencido uma competição? Qual é o prêmio que todos os que creem em Jesus ganharão?

Lanchando com o mestre

Dia 15

"O que está escrito é que o Messias tinha de sofrer e no terceiro dia ressuscitar." Lucas 24.46

Mestre Formisã levou umas migalhas de pão para o encontro com a rainha Formosa.

— Olá, mestre! Vejo que trouxe pão... É para o nosso lanche?

— É... Eu também usei as migalhas de pão na hora da instrução.

— Na hora da instrução? Como assim? — perguntou a rainha.

— Fizemos uma brincadeira para saber quem imitava melhor o outro, comendo a migalha do pão... E foi bem engraçado.

— Que interessante! Para fazer isso é preciso conhecer bem o jeito do outro, não é verdade? — a rainha disse.

— É, foi isso mesmo que descobrimos! Às vezes convivemos com alguém, mas não o conhecemos tanto assim. Aí eu contei aos pequenos que dois discípulos do Filho do Senhor Criador não o reconheceram enquanto andavam com ele por um longo caminho depois que ele havia ressuscitado.

— É mesmo! O Filho do Criador apareceu outra vez depois de ter morrido, não é?

— Certo... Entretanto, quando eles sentaram para agradecer pelo alimento, o Filho do Criador pegou o pão para comer. Então eles perceberam que aquele era o jeito do seu Mestre. E só naquele momento eles viram que era ele. Assim, voltaram rápido para contar aos outros discípulos que Jesus estava vivo.

— Que alegria deve ter sido para eles saber que o Mestre que havia morrido agora estava vivo!

— Sim, rainha, que alegria! Essa certeza podemos ter hoje também. Podemos saber que ele sempre está conosco em qualquer situação! Ele ressuscitou! (CS)

Quem é o único que morreu, mas ressuscitou?
Por que você pode se alegrar com a ressurreição de Jesus?

Dia 16

Um bom amigo

"O amigo quer o nosso bem..." Provérbios 27.6a

— Por que tu estás triste, Pildas? — pergunta Piriá.

— *Oxente, minino!* Acho que o Smilingüido não é mais meu amigo — diz Pildas.

— Por que tu dizes isso? — Piriá insiste.

— Hoje, eu o convidei pra ir ao Vale dos Insetos, na Floresdeira, e ele disse que não ia e ainda sugeriu que eu também não fosse — explica Pildas.

— É... Sei como é. Ele já fez isso comigo também — diz Piriá.

— Sempre achei que os amigos devem concordar em tudo — fala Pildas.

Nesse momento chega Faniquita, que pergunta sobre o que eles estão conversando. E os dois contam a ela o que aconteceu.

— Ah, o Smilingüido já fez isso comigo também, mas depois descobri que foi para o meu bem — diz Faniquita.

— Como assim, Fani? — pergunta Pildas.

— Fiquei muito brava, pois ele não quis ir ao Vale dos Insetos comigo e ainda disse pra eu não ir sozinha. Mas a rainha me explicou que ele fez isso porque não queria me ver correndo perigo; e isso prova que ele gosta de mim.

— Não tinha pensado nisso, *si minina* — diz Pildas.

— A rainha me explicou também que um bom amigo às vezes nos diz coisas que não gostamos de ouvir, principalmente quando estamos errados... Mas quando paramos pra pensar, reconhecemos que ele tem razão — Faniquita completa.

— É, pensando bem, ir ao Vale dos Insetos sozinho não é seguro — diz Pildas.

— É... E o Smi deve ter feito isso pra nos proteger — diz Piriá.

— *Oxente, si minino!* O Smi é um amigão! — diz Pildas. (MM)

Você já disse a um amigo para ele não fazer algo perigoso ou errado? Dar bons conselhos é uma demonstração de amizade.

Nas mãos do Criador

Dia 17

"Peça a Deus que abençoe seus planos, e eles darão certo." Provérbios 16.3

Assim que mestre Formisã vê a mesa de Pildas vazia, pergunta às formiguinhas onde ele está. Entretanto ninguém sabe de nada. Então, na hora do recreio, o mestre sai para procurá-lo e o encontra no campinho chutando bola.

— Pildas, por que você faltou à aula? — pergunta o mestre.

— Estou treinando pra ser um grande jogador de futebol! — diz Pildas.

— E você acha que só treinar vai fazer de você um grande jogador?

— *Oxente!* Acho que sim. Ontem ouvi a rainha dizendo que precisamos nos esforçar pra alcançarmos o que queremos. E é isso que estou fazendo.

— Pildas, se você quer ser um grande jogador, precisa treinar muito, mas não é só isso. Há uma outra coisa muito importante a fazer — diz o mestre.

— Outra coisa? *Oxente*, disso a rainha não falou — comenta Pildas.

— Falou, sim, é que você não esperou o final da conversa — diz Formisã.

— É, *si minino*, eu estava com muita pressa... — explica Pildas.

— Às vezes a pressa pode nos atrapalhar — diz o mestre.

— Pode? — pergunta Pildas.

— Pode sim, Pildas. Ontem a rainha falou que devemos nos esforçar, mas falou também que devemos deixar nossos sonhos e planos nas mãos do Criador, confiando que ele nos ajudará a realizá-los na hora certa e da forma certa.

— Xiiii... Não ouvi essa parte, não! Então... Imagino que o Criador não vai querer que eu treine futebol bem no horário da aula, né? — concluiu Pildas.

— É, agora é hora de estudar. Mais tarde você poderá treinar — diz Formisã.

— Está bem, mestre! Acho que o Senhor Criador já está me ajudando a fazer as coisas do jeito certo. Não vou esquecer dessa parte! (MM)

Leia novamente o versículo de hoje. Quando temos planos qual é a primeira coisa que devemos fazer?

Dia 18

Como as estrelas

"... No meio dessa gente vocês devem brilhar como as estrelas no céu, entregando a eles a mensagem da vida..." Filipenses 2.15b-16a

Formisã convidou a turminha para participar de um acampamento na Floresdeira. Ao receberem o convite, todos ficaram muito animados.
— Oba! Gosto de aventuras, ainda mais à noite! — disse Piriá, empolgado.
— E se um bicho aparecer? — Faniquita perguntou preocupada.
— Tenho uma boa ideia, mestre. Que tal convidar só os meninos?
— Nada disso, Piriá! Sou corajosa e vou junto! — disse Faniquita, fingindo valentia.
— Pequenos, sem brigas! Arrumem as coisas e voltem na hora marcada.
Todos se encontraram no lugar combinado. Após uma longa caminhada...
— Chegamos! É aqui que acamparemos! Faremos uma fogueira!
— Aiii! É tão escuro aqui, né, mestre? — disse Faniquita.
— É verdade, Fani. Estamos longe das luzes do formigueiro, e aqui é bem mais escuro. Mas com essa fogueira aqui vai ficar melhor. Agora, olhem o céu...
— Que lindo, mestre! Quantas estrelas... — comentou Smilingüido.
— E como brilham, hein, *si minino*? — completou Pildas.
— O Livro da Vida diz que também podemos brilhar como as estrelas no céu!
— Como assim, mestre? — perguntou Forfo.
— Quando estamos com amigos que não conhecem ao Criador, podemos lhes falar sobre o Livro da Vida, ajudá-los no que precisarem e dividir nossas coisas. Assim, brilharemos como as estrelas, iluminando a vida deles, pois estaremos mostrando o amor do Senhor Criador.
— Que legal, mestre! — disse Smilingüido.
— Agora, que tal dividirmos nosso lanche com os outros? Assim, já estaremos sendo estrelas! — disse o mestre, piscando para o Forfo! (JH)

De que maneira podemos brilhar entre os amigos assim como as estrelas brilham no céu?

Um banho de lama

Dia 19

"Que as suas vidas sejam dominadas pelo amor, assim como Cristo nos amou..." Efésios 5.2

Smilingüido e Piriá estavam andando num galho lado a lado. Por brincadeira, um começou a empurrar o outro para o chão. Primeiro, os dois acharam graça, deram risada e se divertiram muito. Smilingüido conseguiu derrubar Piriá várias vezes seguidas, mas Piriá, que não gostou de sempre perder, começou a ficar nervoso.

Mais adiante, ele viu que, de um lado do galho, tinha uma poça de lama. Quando os dois passaram por aquele lugar, Piriá derrubou Smilingüido rapidamente.

Lá estava Smilingüido cheio de lama da cabeça aos pés. Primeiro ele ficou bravo com Piriá e já estava pronto para jogar lama nele. Porém, pensou melhor e desistiu. Em vez de se vingar, ele começou a dar risada... E muita. Piriá ficou admirado e não entendeu por que Smilingüido achava tanta graça.

— Por que tu estás dando risada? — perguntou ele.

— Até que não é tão ruim tomar um banho de lama. É bem quentinha! Vem, Piriá! Pule! É divertido!

Piriá se animou e deu um pulo, caindo na lama ao lado do Smilingüido.

— Desculpa por ter te derrubado. Tu ficaste bravo comigo? — disse ele.

— Primeiro, sim! Queria até jogar lama em você — falou Smilingüido. — Mas depois, lembrei que não é certo se vingar. E ficar brigado também não é bom... Agora, nem acho mais tão ruim estar aqui na lama.

Os dois deram risada. Abraçados e cheios de lama, voltaram para tomar mais um banho; só que, agora, com água, para se limparem.

Por causa da atitude do Smilingüido, os dois não brigaram. Pelo contrário, eles se divertiram... E muito. (MS)

Leia novamente o versículo de hoje. Quem tem a vida dominada pelo amor é vingativo? Como você reage às provocações?

Dia 20

Segredo é segredo

"Quanto mais você fala, mais perto está de pecar; se você é sábio, controle a sua língua." Provérbios 10.19

— Faniquita... — chama Piriá. — Aí está! Quem mandou tu contares pra todos no formigueiro o que te contei ontem? Era segredo!

— Xiiii... Esqueci que era pra guardar segredo... — justifica-se Faniquita.

— Esqueceste? — pergunta Piriá desconfiado.

— Não... Bem... Não esqueci, é que eu estava conversando com a Flau e, quando percebi, já tinha falado — conta Faniquita.

— Tu foste falar justo pra Flau? Ela contou pra todo mundo! — diz Piriá.

— Desculpa, Piriá...

— É... Eu te desculpo, Fani, mas, agora, todo mundo está sabendo do meu segredo... — diz Piriá, saindo desanimado.

Faniquita, arrependida pelo que fez, vai até a rainha pedir ajuda.

— É, Fani. Às vezes, fazemos coisas sem pensar no quanto elas podem entristecer nossos amigos — lamenta a rainha.

— Foi o que aconteceu, rainha. Deixei o Piriá triste — comenta Faniquita.

— O Criador ensina que é melhor ouvir muito e falar pouco — diz a rainha.

— É... Se eu tivesse somente ouvido, nada disso estaria acontecendo. O que eu devo fazer, rainha? O Piriá está muito triste comigo.

— Essa tristeza vai passar. Você precisa esperar.

— Da próxima vez que alguém me contar um segredo, vou guardá-lo bem guardadinho — diz Faniquita.

— Você aprendeu algo importante, Fani. Agora, que tal fazer um cartão para o Piriá, dizendo o quanto gosta de tê-lo como amigo? — sugere a rainha.

— Boa ideia, raiiinha! É isso que vou fazer! (MM)

Por que não é certo contar o segredo de um amigo?

Uma questão de confiança

Dia 21

"... Quem confia no Deus Eterno será feliz." Provérbios 16.20b

Smilingüido, Faniquita, Pildas e Piriá estavam sentados no quarto do Smilingüido, pensando no que fazer naquele dia de outono.

— Oxente, vamos fazer um passeio até a gruta? — sugeriu Pildas.

— Boa ideia! — Faniquita se levantou. — Vamos?

Todos se levantaram bem animados. Pouco antes de chegar à entrada do formigueiro, a turma encontrou Formidável:

— A flainha broipiu, digo, a rainha proibiu vocês de flirem à orestadeira, quer dizer, irem à Floresdeira.

— Por que, Formidável? — Faniquita perguntou.

— Proque, digo, porque... está um chia duvoso, ou melhor, dia chuvoso.

— É... Acho que o nosso passeio acaba aqui, turma — concluiu Smilingüido.

— Ah... A rainha estragou o nosso dia! — Piriá ficou zangado.

— Piriá, quem colocou a rainha Formosa no trono foi o Senhor Criador, não foi? — Smilingüido acalmou o amigo. — Acho que devemos confiar na rainha, porque ela deve saber o que está fazendo. Muitas vezes, o Senhor Criador nos mostra o que é bom e o que é ruim por meio dela.

Piriá coçou a cabeça:

— É verdade; o Senhor Criador nos ensina pelos mais velhos, não é?

— Então vamos voltar e procurar outra brincadeira. Acho que tive uma boa ideia. Que tal se ... — Faniquita encerrou a discussão, e saíram todos prontos para se divertir bastante. (SP)

Quais são as pessoas em quem você mais confia? Você confia em Deus? Você obedece àqueles em quem confia?

Dia 22

O dono da bola

"... Que todos vocês tenham o mesmo modo de pensar e de sentir..."
1 Pedro 3.8

Pildas está jogando futebol com a turminha, mas sempre que seu time perde a posse da bola, ele para o jogo, pega a bola e diz:

— Assim não vale! A bola é nossa: você fez falta, *si minino*!
— Claro que não, Pildas! O juiz não apitou falta, a bola é nossa!
— Oxente, sou o dono da bola e digo se foi falta ou não! — diz Pildas.
— Pildas não sabe jogar bola... — começa gritar a torcida.
— Vocês estão me provocando; acho bom parar... — diz Pildas cada vez mais bravo. — Quer saber? Só vai brincar quem aceitar as minhas regras.

Todos saem. A rainha Formosa, que assistia a tudo, aproxima-se dele:

— O que houve, Pildas?
— Ninguém quer mais brincar comigo... — choraminga Pildas.
— Eu vi. Suas regras dificultam brincar em grupo — diz a rainha.
— Por quê? — pergunta Pildas.
— Porque você não estava sendo generoso — explica a rainha.
— Como assim? — pergunta Pildas.
— Você não se esforçou para entender o que seus amigos diziam. Colocou sua vontade e seu jeito acima de tudo — esclarece a rainha.
— E agora? O que eu faço? — pergunta Pildas.
— Ah! Para vivermos em harmonia, devemos ser como uma grande família. É isso o que nos ensina o Criador no Livro da Vida. Tudo fica mais fácil quando agimos com amor e humildade — explica a rainha.
— É isso mesmo o que eu vou fazer. Obrigado, rainha! — agradece Pildas.
— Ei, pessoal! Voltem aqui, vamos brincar juntos com a nossa bola! (MM)

> Você já fez alguma coisa boa, pensando nos outros e não em si mesmo? Repartir ou emprestar algo, dar ou falar coisas boas, são exemplos de generosidade.

João-de-barro

Dia 23

"Para ser sábio, é preciso primeiro temer ao Deus Eterno..." Provérbios 1.7a

Os pequenos estavam acompanhando Formisã em uma aula sobre aves.

— Vejam! — disse o mestre. — Olhem ali, naquela árvore...

— O que é aquilo? — perguntou Forfo.

— É uma casinha de joão-de-barro — explicou Formisã. Esse pássaro se chama assim porque usa barro para fazer sua casa.

— Que casa linda! — exclamou Piriá. — Como ele consegue fazê-la assim?

— Ah, Piriá, o Criador o ensinou. Não é, mestre? — disse Smilingüido.

— É verdade! O Criador fez as aves e ensinou-as a fazerem seus ninhos.

— E como o pássaro leva o barro lá pra cima? — perguntou Faniquita.

— Ele leva no bico e vai modelando o ninho — respondeu Formisã.

— Mas que trabalhão levar barro até o alto da árvore! — disse Pildas.

— Para nós isso seria difícil, mas para ele é fácil — disse o mestre.

— Vejam só! — gritou Smilingüido. — O joão-de-barro está saindo da casinha!

Todos olharam admirados.

— Mestre, como o joão-de-barro é especial, hein!? — disse Piriá.

— Tudo na natureza é especial, Piriá. Por isso devemos amar e cuidar de tudo o que o Senhor Criador fez. Ele se agrada disso — falou o mestre.

— E como o senhor é sábio, não é, mestre? — elogiou Smilingüido.

— A sabedoria vem do Criador, Smilingüido. Por isso estudo o Livro da Vida: para entender os ensinos do Criador e ensiná-los a vocês também.

— Quando crescer, quero ser igual ao mestre — disse Pildas.

— Espero que seja ainda melhor, Pildas. Dedique-se e peça sabedoria ao Criador, que você será o que deseja. Agora, vamos! Temos muito para aprender hoje. (NA)

Segundo o versículo de hoje, o que é preciso fazer para ser sábio? O que significa "temer a Deus"?

Dia 24

Que belo trabalho

"Quem teme ao Deus Eterno está aprendendo a ser sábio; quem é humilde é respeitado." Provérbios 15.33

Faltavam uns dias para a Feira de Ciências, e todos estavam animados.

— Que tal o meu trabalho sobre os tipos de terra, Smi? — perguntou Faniquita.

— E o meu, sobre as estações do ano? Você gostou? — perguntou Pildas.

— Os trabalhos estão ótimos. Parabéns! — respondeu Smilingüido.

— Ah, é porque tu não viste o meu, sobre as sementes — disse Piriá.

— Puxa, Piriá! Seu trabalho é muito legal mesmo! — comentou Smilingüido.

— E o seu, Smi, qual é? — perguntou Faniquita.

— O meu é sobre insetos. Ele é simples — explicou Smilingüido.

— Ah, é esse aqui? É simples mesmo, mas dá pro gasto... — disse Faniquita.

— Quer que eu te faça outro, Smi? — ofereceu Piriá.

— Não, Piriá. Muito obrigado. É esse mesmo que eu vou entregar.

No dia da Feira, a rainha foi à escola e, ao ver o trabalho do Smilingüido, disse:

— Parabéns, Smilingüido. Seu trabalho está muito bom!

— Obrigado, rainha Formosa!

E Smilingüido acabou ganhando o prêmio. O resto da turma ficou inconformado. A rainha perguntou o motivo daquilo, e todos lhe contaram que não sabiam por que o Smilingüido havia ganhado já que seus trabalhos eram melhores que o dele.

— E quem disse que os seus eram melhores? — perguntou a rainha.

— Bem... Foi o próprio Smilingüido quem falou... — disse Faniquita.

— Smilingüido foi humilde, mas o trabalho dele estava muito bom. Ele só não quis ficar falando isso para ninguém. Não fiquem tristes, pequenos! Ano que vem, vocês terão nova chance de concorrer ao prêmio. Os trabalhos de vocês também ficaram bons! E, agora, que tal dar os parabéns ao Smi? Acho que ele merece! (MM)

> Como Smilingüido demonstrou humildade? Como os amigos dele poderiam ter demonstrado humildade depois de perder o prêmio?

Socorro, Criador, socorro!

Dia 25

"Mas eu clamo ao Deus Eterno pedindo ajuda, e ele me salva." Salmo 55.16

Ao passar por uma grande poça, Faniquita, Pildas e Forfo viram do outro lado umas gabiris bem madurinhas e, como estavam com muita fome, decidiram ir até lá.

Fizeram um barco de folhas e começaram a remar. De repente, o vento soprou forte e jogou água dentro do barcofolha, fazendo com que todos ficassem com medo.

— Vamos orar e pedir ao Criador pra nos ajudar! — disse Forfo.

Eles então começaram a orar, pedindo a ajuda do Criador. Passado algum tempo, o vento parou e tudo ficou calmo novamente.

Mais tarde, na aula, Faniquita contou ao mestre Formisã o que havia acontecido.

— Vocês sentiram medo? — perguntou Formisã.

Eles balançaram a cabeça, dizendo que sim.

— Todos nós sentimos medo; às vezes, até eu — disse o mestre. — Um dia os amigos do Filho do Criador também sentiram medo. O Livro da Vida conta que eles estavam num barco e viveram uma situação parecida com a de vocês. O Filho do Criador estava com eles, mas, por estar cansado, deitou-se para dormir um pouco. Veio uma grande tempestade e todos ficaram com muito medo, porque a água começou a entrar no barco.

— Oxente! Veio uma tempestade e ele ficou dormindo? — admirou-se Pildas.

— Então eles acordaram o Filho do Criador, pois achavam que iam morrer afogados. Ele se levantou e mandou que o vento e o mar se acalmassem. Imediatamente tudo passou. Então ele disse: "Vocês não acreditam em mim? Por que ficaram com medo?" Estão vendo? Todos nós podemos sentir medo; porém devemos acreditar no Criador e confiar que ele pode nos ajudar quando nos sentimos assim. (MM)

O que os amigos de Jesus fizeram quando sentiram medo?
O que Jesus fez quando os amigos pediram ajuda?

Dia 26

Viva!

"Este é o dia da vitória do Deus Eterno; que seja para nós um dia de felicidade e alegria!" Salmo 118.24

Faniquita entrou saltitante no quarto do Pildas:
— Que dia maravilhoso! Olhem o sol! Está liiiindo!
— Hum! Ahhh! O-o que é? — Pildas acordou ainda bocejando e se espreguiçando. — O que está acontecendo?
— É dia! Já amanheceu, Pildas! — disse Faniquita.
— Sei. E... O que tem de tão especial hoje, *bichim*?
— O Senhor Criador nos deu mais um dia pra gente se alegrar e louvá-lo! Isso é formidável! Quantas formiguinhas não podem fazer isso hoje? Muitas. Algumas porque estão doentes; outras porque algum tamanduá ou outro bicho as encontrou; outras porque...
— Paaara, Fani! Por favor, chega de coisas ruins! — quem deu o grito foi o Piriá, que também já tinha acordado.
Faniquita riu:
— É verdade, Piriá. Obrigada! Hoje quero só pensar em coisas alegres...
— E aproveitar bem o dia! — Piriá completou animado.
— Gostei da ideia, *bichim*! — disse Pildas. — Vamos ficar bem felizes, porque o Senhor Criador caprichou neste dia, hein? Está realmente bonito, *si minino*.
Smilingüido chegou perto deles e começou a cantar. Depois disse:
— Então vamos louvar ao Senhor Criador comigo?
Todos eles começaram a cantar com o Smilingüido, e o dia começou como uma festa. (AF)

Que tal fazer como a Faniquita e pensar somente em coisas boas? E agora faça como o Smilingüido e cante uma música bem alegre, agradecendo a Deus por essas coisas boas nas quais pensou.

Para o nosso bem

Dia 27

"... Sabemos que em todas as coisas Deus trabalha para o bem daqueles que o amam..." Romanos 8.28a

Ao ver Piriá chegar com um pé enfaixado, Smilingüido pergunta:

— Piriá, o que aconteceu?

— Ontem, enquanto vocês estudavam, fui subir num pé de gabiri, caí e me machuquei. Agora não posso fazer quase nada! — Piriá lamenta.

— Não fique assim, Piriá. Você não se lembra da aula em que o mestre disse que o Criador faz tudo para o nosso bem?

— Lembro, mas não sei como ficar com o pé enfaixado pode me fazer bem!

— Piriá, aqui está a matéria da aula do mestre Formisã que você perdeu. Aproveite pra estudar! — sugere Faniquita, que está com Smilingüido.

— Está bem... — diz Piriá desanimado. — Já que não posso brincar, vou estudar mais um pouco!

No dia seguinte, os pequenos fizeram uma prova na aula do mestre Formisã, que, depois de corrigi-las, disse:

— Parabéns, pequenos! Todos foram muito bem na prova! Mas um aluno se destacou: parabéns, Piriá! Você tirou nota dez! — comenta o mestre.

— Oba! Smi, tu tinhas razão. Se eu não tivesse me machucado, não teria estudado tanto nem iria tirar uma nota tão boa na prova! — diz Piriá. — E sabes que gostei? Valeu a pena estudar e tirar uma nota assim! Acho até que vou passar a estudar mais mesmo sem estar com o pé machucado!

— Viu, amigão? Por mais que às vezes seja difícil entender por que certas coisas acontecem, o Senhor Criador sempre sabe o que é melhor para nós. E quando ele age, é para o nosso bem — conclui Smilingüido. (TS)

O que foi ruim no fato de Piriá ter machucado o pé? E o que aconteceu de bom por causa disso? Em todas as situações, Deus sempre quer o nosso b_____.

Dia 28

Pildas vence

"Em tudo isso temos a vitória por meio daquele que nos amou." Romanos 8.37

Enquanto mestre Formisã observava, as formiguinhas brincavam de esconde-esconde. Era a vez do Pildas procurar e ele achou todas, menos uma. "Não consigo achar a Fani! Dessa vez, ela se escondeu muito bem!" pensou Pildas e continuou a procurá-la.

— Aaaiii! Socooorrooo! — ouviu-se a voz da Faniquita de repente.

Todos foram correndo em direção ao grito. E lá estava a Faniquita, encolhida e tremendo de medo. Bem perto dela, havia uma lagartixa pronta para atacar. O que fazer agora? Como ajudar? A situação era muito difícil e perigosa. Então o mestre orou em pensamento:

"Senhor Criador, por favor, proteja a Fani e a nós todos. Obrigado! Amém!"

Pildas, que estava logo atrás do mestre, catou uma pedrinha e tirou seu estilingue do bornalzinho. E, antes mesmo de o mestre perceber, Pildas colocou a pedrinha no estilingue e atirou-a em direção à lagartixa. Pildas não teve medo, porque sabia que o Senhor Criador estava com ele. A pedrinha voou longe, passando de raspão no nariz da lagartixa. Ela levou um susto tão grande que saiu correndo. Imediatamente Faniquita se levantou e correu para as outras formigas. Então abraçou Pildas e, pulando de felicidade, disse:

— Você conseguiu, Pildas! Você assustou a lagartixa!

Todos estavam aliviados e surpresos com a coragem de Pildas. Porém o mestre sabia muito bem que foi o Senhor Criador quem tinha salvado a Faniquita. Ele usou o Pildas, dando-lhe força e coragem para vencer a lagartixa. (MS)

Quem salvou Faniquita da lagartixa?
Quem deu a força e a coragem para o Pildas vencê-la?

Seguindo as pegadas do mestre

Dia 29

"Cristo (...) deixou o exemplo, para que sigam os seus passos." 1 Pedro 2.21b

A turma havia se reunido com o propósito de fazer o dever de casa. Todos encontraram dificuldades, pois o mestre Formisã tinha entregado um envelope com apenas uma pergunta: "COMO APRENDER MAIS SOBRE O SENHOR CRIADOR?"

Eles resolveram sair à procura do mestre. Foram direto para a sala de aula, mas... Não tinha ninguém ali. Havia apenas umas manchas de tinta azul, da mesma tonalidade das botas do mestre Formisã, seguindo na direção da Floresdeira. Resolveram então seguir aquelas manchas para ver onde elas iriam dar.

Caminharam um pouco e logo avistaram uma folha no chão. Nela estava escrito o seguinte: "VOCÊS FORAM CHAMADOS PARA..." O que seria aquilo? Uma charada? Será que o mestre estaria brincando com eles?

Continuaram caminhando, seguindo aquelas pegadas à procura de outras pistas e encontraram uma folha com mais uma frase que parecia completar a anterior e dizia: "... SEGUIR OS PASSOS DO..." Que estranho! Que frases eram aquelas? Diziam que eles foram chamados para seguir os passos de quem?

Logo adiante eles encontram o mestre com as botas encharcadas de tinta azul e uma folha na mão. Será que seria a última parte daquela frase enigmática?

O mestre mostrou-lhes a folha, e lá estava escrito: "...FILHO DO SENHOR CRIADOR". Então, ele disse que, para se aprender mais sobre o Senhor Criador, é necessário conhecer seu Filho e seguir seus passos. Ou seja, devemos seguir os bons exemplos que o Filho do Senhor Criador nos deu, como ajudar e amar os outros, perdoar e obedecer sempre.

E pela brincadeira todos entenderam mais esse valioso ensinamento do mestre. (CF)

O que significa "seguir os passos de Jesus"? Que bons exemplos ele nos deixou quando viveu aqui na Terra?

Dia 30

Que chuva!

"O arco-íris é o sinal do acordo que estou fazendo com todos os seres vivos que vivem na terra." Gênesis 9.17

Estava vindo uma grande chuva e todos foram para debaixo de um cogumelo.

— Estou com medo! Aí vem uma tempestade! Quem sabe é um dilúvio como naquela história que o senhor me contou, mestre! — disse Faniquita assustada.

— Fique tranquila, Fani! Isso só aconteceu uma vez, mas o Criador prometeu que não acontecerá de novo — disse o mestre quando já começava a chover.

— Já aconteceu uma vez? Quer dizer que o dilúvio foi de verdade?

— É isso mesmo, Forfo. O Livro da Vida registra uma história que aconteceu há muito tempo. É a história da Arca de Noé.

— Oxente, que história é essa, mestre?

— As pessoas que viviam na época de Noé não obedeciam ao Criador. Apenas Noé amava e obedecia a ele. Triste com a situação, o Senhor decidiu acabar com tudo que existia, mandando uma chuva muito maior do que esta.

— Acabaria até com Noé, mestre? — perguntou Piriá curioso.

— Não. O Senhor mandou Noé construir um barco bem grande chamado arca, e nele entraram apenas Noé, sua família e casais de cada animal.

— Quer dizer então que a nossa tatatataravó também estava na arca?

— Certamente, Taploft! Depois que entraram na arca, choveu por quarenta dias. Quando a terra secou, todos saíram e o Senhor Criador prometeu nunca mais mandar um dilúvio. Para confirmar Sua promessa ele pôs o arco-íris no céu.

Enquanto o mestre contava a história, a chuva foi ficando mais fraca e um lindo arco-íris apareceu, colorindo a tarde. Encantada, Faniquita exclamou:

— Olhe, mestre! O arco-íris! Agora estou mais tranquila, pois sei que o Senhor Criador sempre cumpre o que promete! (JH)

O arco-íris nos lembra de qual promessa de Deus?

É tão difícil...

"Não fiquem irritados uns com os outros e perdoem uns aos outros."
Colossenses 3.13a

Dia 31

— Nunca mais quero ver a Flau! — disse Faniquita, chorando.
— Mas por quê? — perguntou mestre Formisã.
— Ela disse que meus desenhos não são bonitos. E no caminho, jogou uma pedra numa poça, fazendo com que a água respingasse na minha botinha — disse Faniquita.

Mestre Formisã ouviu pacientemente e depois perguntou:
— E... Aconteceu mais alguma coisa?
— Sim! Fiquei brava, mostrei-lhe a língua e corri pra longe — respondeu Faniquita.
— Você acha que fez a coisa certa? — perguntou Formisã.
— Eu... Eu acho que não! — falou Faniquita, olhando para o chão.
— Você não quer pedir desculpas para a Flau? — o mestre perguntou.
— Eu? Por que eu? Foi a Flau que começou! — respondeu Faniquita.
— Sabe, Fani! Tem vezes que achamos que quem começou a discussão tem de pedir perdão primeiro. Mas não é bem assim.
— Eu? Pedir perdão pra Flau? — disse Faniquita. — Mas isso é muito difícil!
— Eu entendo — falou Formisã. — Entretanto, precisamos esquecer o nosso orgulho. Às vezes até para mim é difícil.
— Para o mestre também?! — perguntou Faniquita surpresa.
— É, Fani! Mas vou lhe contar um segredo: numa situação assim, o Senhor Criador nos ajuda — insistiu mestre Formisã.

Então Faniquita aceitou a dica e orou, pedindo que o Criador a ajudasse. Logo em seguida foi procurar a Flau para se desculpar. Flau ficou surpresa com a atitude da Faniquita, e logo as duas voltaram a ser amigas. Pedir perdão foi difícil, mas Faniquita se sentiu feliz por ter feito a coisa certa. (MS)

O que é mais difícil para você: perdoar ou pedir perdão? Para tornar isso mais fácil, faça como a Faniquita: deixe o orgulho de lado e peça a ajuda de Deus.

Dia 32

A rainha não sabe o que fazer

"Ponha sua vida nas mãos do Deus Eterno, confie nele, e ele o ajudará." Salmo 37.5

A rainha Formosa está preocupada porque precisa resolver um problema e não sabe o que fazer.

— O que está acontecendo, majestade? — pergunta o mestre Formisã.

— Acabei de conversar com a abelha Zelinda, que me contou que está pensando em tirar uma semana de férias e viajar para o outro lado da Floresdeira. O que vamos fazer, Formisã? Você sabe que a Zelinda é a abelha que traz mais mel para o formigueiro! E precisaremos de muito mel nesta semana! - diz a rainha.

Então Formisã entende por que a rainha está tão impaciente. Na verdade, as formigas-bebês gostam muito de mel e a rainha Formosa está com medo de não ter mel para dar às formiguinhas que vão nascer nessa semana.

— E se procurarmos outra abelha? — pergunta Formosa. — Talvez, possamos pedir para a Zelinda ficar... Talvez, as operárias achem mel em outra parte...

— Fique calma, majestade! — diz o sábio Formisã. — Sabe o que vamos fazer? Vamos orar ao Senhor Criador e esperar!

— Esperar? — pergunta a rainha.

— Sim. Ele vai nos mostrar o que devemos fazer.

Assim, a rainha decide seguir o conselho do mestre Formisã: orar, descansar e não se preocupar mais. Ela confia no Senhor Criador e sabe que ele é bom.

No dia seguinte, a abelha Zelinda volta ao formigueiro, levando um estoque maior de mel para a rainha Formosa. Além disso, ela lhe diz que, enquanto estiver de férias, outra abelha levará mel para o formigueiro todos os dias! Então, a rainha fica muito feliz. Afinal, enquanto ela orou, esperou e confiou no Senhor Criador, ele cuidou de tudo, resolvendo o problema que parecia não ter solução! (RB)

Quando você tem um problema muito difícil de resolver, quem pode dar a solução? Conforme o versículo, se confiarmos nele, ele nos a _____.

Confusão na vizinhança

"Trabalhem para o bem da cidade (...) Orem a mim, pedindo em favor dela, pois se ela estiver bem, vocês também estarão." Jeremias 29.7

Dia **33**

A hora da instrução já havia começado quando Piriá e Forfo chegaram sem dizer uma palavra. O mestre os conhecia bem e por isso sabia que alguma coisa estava acontecendo. Então, perguntou:

— Piriá e Forfo, por que estão assim hoje? Aconteceu alguma coisa?

— Ehhh, beeem... Na verdade não há nada de errado conosco, não! Mas eu e Forfo demos uma voltinha por aí antes da aula. E precisavas ver a confusão naquele formigueiro perto do riacho! Nossas vizinhas estavam doidinhas hoje!

— Confusão? O que aconteceu com elas? — perguntou Faniquita, apressada.

— Quando vínhamos pra cá, encontramos duas formigas brigando por causa de um pedaço de fruta. Andamos mais um pouco, e havia outras quatro discutindo sobre quem carregava mais comida. Então, fomos pra perto do formigueiro para espiar mais. Muitas formigas brigavam e outras estavam tristes.

— Que confusão! Nem pareciam ser do mesmo formigueiro! — disse Forfo.

— E o pior de tudo é que a rainha delas estava gritando de um lado para o outro sem saber o que fazer! — completou Piriá.

— Oxente! Uma rainha assim... Alguém tem que ajudar... — disse Pildas.

— E o que podemos fazer para ajudar nossas vizinhas? — perguntou Formisã.

— Hummm... Que tal uma oração? — falou Talento.

— É... Oração. — emendou Tolero.

— Ótima ideia! — disse Smilingüido — A primeira coisa a fazer é orar ao Senhor Criador!

— Isso mesmo! Podemos começar orando — completou o mestre. — E, depois, perguntamos se podemos ajudá-las de alguma forma também!

Todos concordaram e se sentiram felizes por ajudar o formigueiro vizinho.

(JH)

Você conhece seu vizinho? Que tal orar por ele hoje?

Dia 34

Ainda na vizinhança

"Vale mais um vizinho perto do que um irmão longe." Provérbios 27.10b

O mestre e a turma continuavam orando por suas vizinhas. A cada dia que se encontravam, lembravam-se delas.

— Mestre, estava pensando sobre o que mais poderíamos fazer pra ajudar nossas vizinhas. Talvez ir até lá e ver em que podemos ajudá-las! — disse Smilingüido.

— Acreditas que eu estava pensando a mesma coisa? — disse Piriá.

— Também pensei sobre isso! E acho que devemos falar com a rainha para formarmos uma equipe e irmos ao formigueiro vizinho oferecer ajuda — disse o mestre.

Depois de tudo planejado, oraram ao Senhor Criador e saíram rumo ao formigueiro vizinho. Ao chegar, perceberam as formigas muito cansadas:

— Olá, rainha Forzela, temos orado por vocês e viemos ver se podemos ajudá-los de alguma forma! — disse o mestre.

— Oh, obrigada! Realmente precisamos de ajuda! Dias atrás, uns gafanhotos atacaram nossa reserva de alimentos. Desde então temos trabalhado dia e noite.

— Nós não sabíamos, mas percebemos que vocês estavam bem agitadas!

— É, as formigas estão cansadas e têm discutido muito nos últimos dias!

— Que tal buscarmos mais ajuda no nosso formigueiro, mestre?

— É uma ótima ideia, Smilingüido!

O mestre então pediu para Formidável convocar mais formigamigas para ajudar as vizinhas. Todas se uniram e em poucos dias o estoque de alimentos estava abastecido novamente, as formigas vizinhas estavam mais descansadas, e não havia mais agitação naquele formigueiro. Contente, a rainha Forzela agradeceu imensamente ao mestre Formisã, à rainha Formosa e a todas as formigamigas, que foram embora felizes por terem ajudado quem precisava. (JH)

Além de orar, o que mais você pode fazer pelo seu vizinho? Peça a ajuda da mamãe para fazer-lhe uma gentileza.

Não desanimem

Dia 35

"... E eu afirmo que, se pedirem alguma coisa em meu nome, o Pai lhes dará." João 16.23b

Forfo e Pildas foram procurar gabiris, mas voltaram tristes e de mãos vazias. Quando a rainha lhes perguntou se tinham achado muitas gabiris, responderam:

— Que nada! Procuramos e não achamos nada.

— E minha barriga já está roncando de fome — disse Forfo.

— Isso me faz lembrar dos amigos do Filho do Criador.

— Amigos do Filho do Criador? — pergunta Pildas.

— É, aqueles que andavam com ele para aprender mais sobre o Criador. Um dia ele os encontrou vindo de uma pesca, desanimados e cansados, pois haviam jogado as redes no mar muitas vezes e não pegaram nenhum peixe.

— Ih!!! Parecem com a gente... — comenta Pildas.

— E sabe o que aconteceu? O Filho do Criador disse: *"Lancem as redes mais ao fundo, que vocês vão pegar muitos peixes!"* Eles foram e daquela vez as redes ficaram tão cheias que começaram a se romper — a rainha continua.

— Por que a rainha nos contou essa história? — pergunta Forfo.

— Para ensinar a vocês que, assim como o Filho do Senhor Criador ajudou os seus amigos, pode ajudá-los também. Se vocês pedirem, ele os ajudará a fazerem mais algum esforço para encontrar gabiris por aí. Que tal pedir a ele?

— É uma boa ideia, rainha. Acho que só consigo sair pra procurar mais gabiris se o Filho do Senhor Criador me ajudar mesmo — diz Forfo.

— É isso aí, *si minino*. Vamos descansar um pouquinho, pedir ajuda a ele e mais tarde a gente sai de novo! — diz Pildas.

— E se acharmos, a primeira gabiri será da rainha Formosa por ter nos ensinado tantas coisas legais! — Forfo completa. (MM)

Leia novamente o versículo de hoje. Quem está dizendo isso? Da próxima vez que você pedir algo a Deus, que tal dizer "em nome de Jesus" no final da oração?

Dia 36

O talento de Talento e Tolero

"Cada um recebeu o seu dom especial, de acordo com o que Cristo deu." Efésios 4.7

A turminha estava participando de uma grande gincana. Pildas ganhou o primeiro lugar na corrida de sacos, Piriá se deu bem saltando obstáculos, Smilingüido foi o melhor no jogo da memória e Faniquita foi a que melhor pulou corda.

A rainha percebeu que Talento e Tolero estavam tristes e lhes perguntou:
— Por que vocês não estão brincando?
— Não sabemos fazer nada — disse Talento.
— É... Nada... — concordou Tolero.
— Claro que sabem! O Criador colocou em cada um de nós um talento especial.
— O que é talento? — perguntaram.
— É uma habilidade para fazer alguma coisa — explicou a rainha.
— Ah! É isso; nós não temos habilidade pra nada — respondeu Talento.
— É... Pra nada... — confirmou Tolero.
— Têm sim! Agora mesmo vai começar uma prova em que vocês vão se dar bem — disse a rainha.

Ela estava falando da corrida do ovo na colher. Ao ouvir o sinal, todos saíram correndo e derrubaram seus ovos, mas Talento e Tolero completaram a prova tranquilamente sem quebrar nenhum.
— Parabéns, Talento e Tolero! Com calma e paciência, vocês venceram! — elogiou a rainha.
— Muito obrigado, rainha! — agradeceu Talento.
— É, obrigado! — repetiu Tolero. (MM)

Você já observou as habilidades que seus amigos têm?
E qual é a sua habilidade?
Quem deu diferentes habilidades para cada um?

Uma mãe

Dia 37

"Respeite o seu pai e a sua mãe, para que você viva muito tempo na terra que estou lhe dando." Êxodo 20.12

Os preparativos estavam indo de vento em popa; o formigueiro, todo enfeitado, e a cozinheira preparando as mais deliciosas comidas. Tudo tinha de estar perfeito. Faniquita era uma das mais animadas:

— Vai ser um grande dia!

— Com certeza, *si minina!* — Pildas concordou.

— É, ela se preocupa com a gente... — Piriá disse.

— Ela cuida pra não faltar nada no formigueiro — falou Taploft.

— Cuida de tudo! — foi a vez de Talento.

— É... De tudo! — respondeu Tolero.

— Sem falar nos estoques de comida... — comentou Forfo.

— São tantas coisas pra ela fazer, né? — admirou-se Flau.

— Não é à toa que, no Livro da Vida, o Senhor Criador manda que ela seja respeitada! — lembrou Smilingüido.

— Ela sempre nos ensina as coisas do Livro da Vida e a amar e respeitar o Senhor Criador, não é? — completou Faniquita.

Formisã, que estava ali por perto ouvindo tudo, concluiu:

— Vocês estão vendo por que ela merece essa comemoração especial? O Senhor Criador criou a rainha para que ela pudesse cuidar de nós, nos ajudar a crescermos fortes, felizes e também nos ensinar sobre o Livro da Vida.

— Viva a rainha! — exclamaram todos. — Ela é uma grande mãe no nosso formigueiro! (SP)

Pense em quantas coisas boas sua mãe faz por você.
Ela merece um "obrigado" e um abraço apertado, não é? Que tal também agradecer a Deus pela mãe especial que ele lhe deu?

Dia 38

Faniquita quer ser boazinha

"... Só Deus é bom, e mais ninguém." Marcos 10.18

— Ah... Que lindo dia! Que botinhas bonitas e confortáveis! Novinhas! Estou me sentindo tão bem que só quero fazer coisas boas hoje!

Parece que a Faniquita está de ótimo humor. Assim, logo depois de sair do formigueiro, ela vê uma das operárias tropeçar e cair e vai ajudá-la imediatamente.

"Puxa! Eu não sabia que eu era tão boa!" pensa a formiguinha.

Pouco tempo depois, a caminho da Colina das Flores, Faniquita encontra um cupinzinho faminto. Sem pensar duas vezes, ela tira da bolsa o pedaço de maçã que levava para comer à tarde e entrega-o ao cupinzinho.

"Humm, hoje estou mesmo muito boazinha!" pensa Faniquita, cheia de orgulho.

Depois de passear na colina e colher algumas flores perfumadas, Faniquita volta para o formigueiro. Porém, ouve um choro e decide ver o que está acontecendo. Então, ela encontra uma formiga bebê ao lado de uma poça de lama. O bebezinho está chorando porque não consegue pegar a bolinha que deixou cair na lama.

— Essa não! — pensa Faniquita — Tudo, menos lama! Não vou sujar minhas botinhas novas pisando nesse negócio nojento!

Nesse instante aparece uma formiga adulta, pega o bebê no colo, retira a bolinha da lama e vai embora. Então Faniquita percebe que ninguém é tão bom quanto imagina. Só o Senhor Criador é e sempre será bondoso! Além disso, ele é o Pai que nunca abandona seus filhos. (RB)

Você se considera bonzinho?
Quem é o único realmente bom e que pode ajudar você a ser cada vez melhor?

Ainda que...

Dia 39

"Ainda que as figueiras não produzam frutas, (...) mesmo assim eu darei graças ao Deus Eterno e louvarei a Deus, o meu Salvador. O Senhor, o Deus Eterno é a minha força..." Habacuque 3.17-19a

Os últimos dias não estavam sendo bons para o formigueiro. Tudo começou quando houve uma tempestade que destruiu grande parte das gabiris.

— Viste o que aconteceu? Não há gabiris pra comer! — Piriá lamentou.

Dois dias após a tempestade, os baratões saquearam parte da reserva de alimentos do formigueiro. Ao saber da notícia, Forfo falou:

— Não poderia ter acontecido coisa pior!

Percebendo o desânimo geral, a rainha convocou uma reunião:

— Formigamigas, estamos passando por momentos de dificuldades, mas trabalharemos bastante e confiaremos no Senhor Criador!

— Rainha, tememos que aconteçam coisas ainda piores! — disse Formaldo.

— Devemos nos lembrar das orientações do Livro da Vida — Formisã sugeriu.

— Eu também acho, mestre Formisã! — disse o ministro do Abastecimento.

— No Livro da Vida, está escrito que, mesmo que não haja mais frutas, nem alimentos, nem gabiris, ou ainda que aconteçam muitas outras coisas inesperadas, devemos continuar confiando no Senhor Criador. Devemos agradecer e louvar ao Criador, pois ele é quem nos dará forças para trabalhar e resolver o que fazer! — disse o mestre.

Ao ouvirem aquelas palavras, as formigamigas sentiram-se confiantes no Senhor Criador e dispostas a trabalhar. Dividiram o trabalho e saíram pela Floresdeira em busca de alimentos. Ao saber do que acontecia, as sauvitas também foram ajudar e no fim do dia todas ajuntaram o que encontraram: amoras, sementes e algumas outras frutinhas. Contentes, elas agradeceram ao Senhor Criador e aprenderam que vale a pena confiar nele em todas as situações! (JH)

O que teria acontecido se as formigamigas tivessem ficado no formigueiro reclamando em vez de irem procurar mais alimentos? De que maneira Deus as ajudou?

Dia 40

Caminho certo

"Os teus ensinamentos são a minha herança para sempre; eles alegram o meu coração." Salmo 119.111

— Bom dia, pequenos! Hoje vamos ter uma aula na cachoeira! — diz Formisã.

— Oba! — exclamam todos.

— Como eu vou sair antes de vocês, vou deixar um mapa com o caminho para vocês seguirem e me encontrarem lá. O que acham? — o mestre pergunta.

— Muito legal, mestre! Onde está o mapa?

— Aqui está, Smilingüido!

As formigas pegam seu material e o mapa, e saem em seguida. Um tempo depois, chegam à cachoeira, onde mestre Formisã as aguarda.

— Vejo que todos estão aqui! — fala o mestre.

— Sim, mestre, andamos juntinhos pra não nos perder! — comenta Faniquita.

— E foi difícil chegar aqui? — pergunta Formisã.

— Até que não! — responde Pildas. — Nós seguimos direitinho as instruções do mapa!

— O que teria acontecido se vocês não tivessem obedecido às direções do mapa?

— Talvez, a gente tivesse se perdido na Floresdeira! — responde Smilingüido.

— A mesma coisa acontece se não obedecemos ao Livro da Vida, pois nele está escrito o que o Criador quer de nós. Se não o seguimos, ficamos perdidos, sem saber para onde ir e o que fazer e muitas vezes escolhemos caminhos errados — explica Formisã.

— Oxente, não quero ser um perdido nesta vida, não! Vou ler o que o Criador diz no Livro da Vida todos os dias — conclui Pildas.

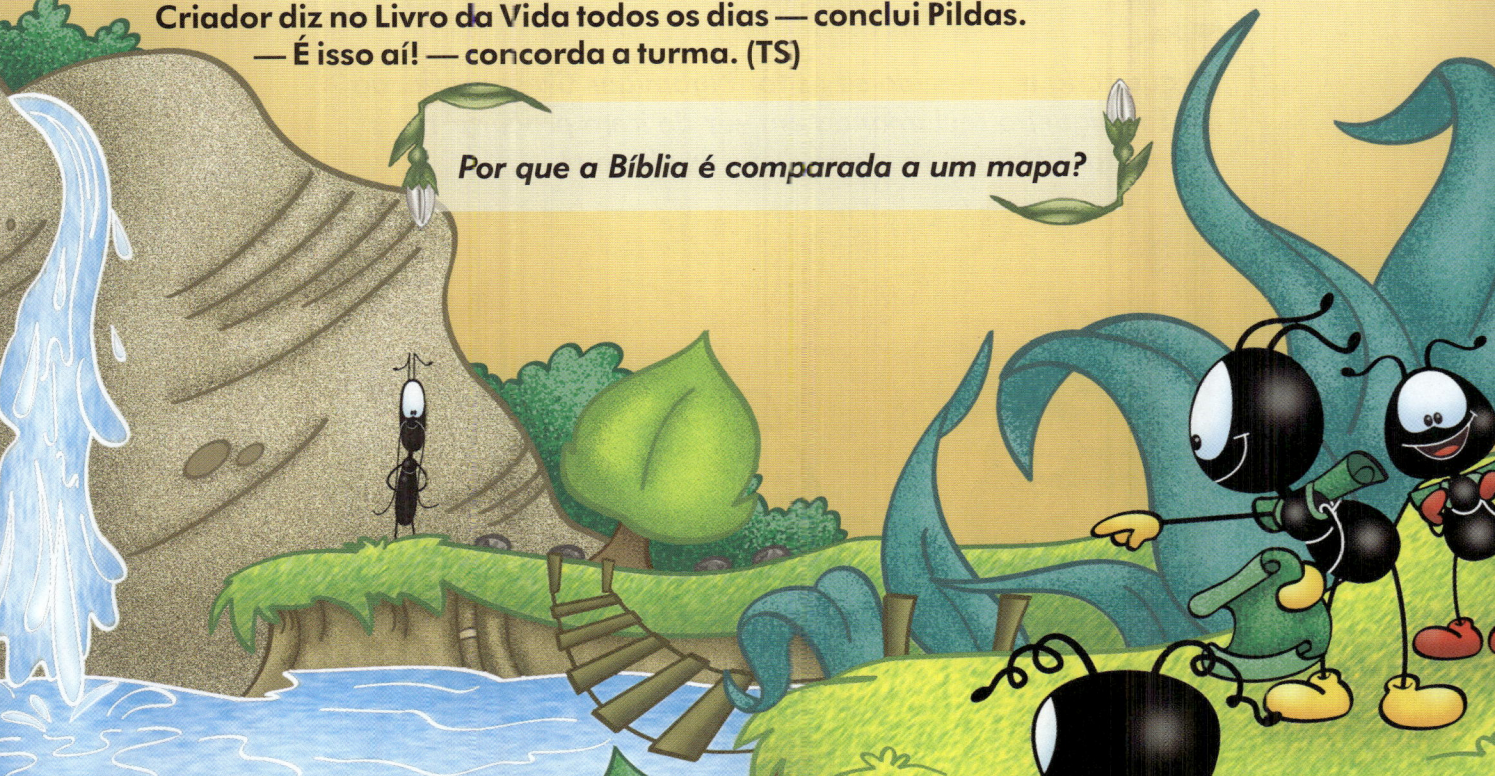

— É isso aí! — concorda a turma. (TS)

Por que a Bíblia é comparada a um mapa?

Missão cumprida

Dia 41

" 'Muito bem, empregado bom e fiel', disse o patrão. 'Você foi fiel negociando com pouco dinheiro; por isso vou pôr você para negociar com muito'…" Mateus 25.21

A rainha Formosa queria fazer uma reunião com todos os habitantes do formigueiro. Formidável recebeu a ordem de convocar todas as formigamigas. A rainha tinha lhe dado tantas instruções, que parecia difícil cumprir a missão.

Quando chegou diante das formigamigas, Formidável falou:

— Atenção, todas as morfigas, ou melhor, formigas! A rainha Pomposa, aliás, Formosa, convoca todos para uma reunião sem gente, quer dizer, urgente!

— Qual é o motivo da reunião? — perguntou Formal, uma formiga mais velha.

— Ééé… Beeeem… Deixe-me ver. A rainha Mimosa…

— Rainha Mimosa???? — perguntou Formal já impaciente.

— Ops… A rainha Formosa provoca, melhor dizendo, convoca todas as formigas para conversar sobre um problema que está acontecendo na Floresdeira.

— Problema? Na Floresdeira? — todas cochichavam preocupadas.

— Puxa, precisamos nos unir e ir urgente falar com a rainha! Quando e onde será a reunião, Formidável? — perguntou Formal.

— A união, digo reunião, será embaixo da grande mármore, aliás, árvore, na Floresdeira, daqui a vinte minutos — disse ele aliviado por ter cumprido a missão.

Todas as formigamigas correram até aquele local, e a reunião aconteceu como a rainha esperava. No final, a rainha Formosa disse a Formidável:

— Muito bem, Formidável! Você fez bem o que lhe pedi. Ninguém faltou! Sei que posso lhe dar uma tarefa ainda maior do que essa! — disse Formosa.

Formidável percebeu que, mesmo sendo meio atrapalhado, podia servir à rainha. Assim, sentiu que conseguia ser útil da forma como o Criador o fez, cumprindo as missões que lhe cabiam da melhor forma possível. (JH)

Você já fez algo que lhe pediram e que parecia ser muito difícil? Como se sentiu quando conseguiu fazê-lo? Valeu o esforço?

Dia 42

E agora? O que eu faço?

"E não nos deixes cair em tentação, mas livra-nos do mal." Mateus 6.13

Era um bom dia para brincar e Piriá se atrasou para a aula porque estava distraído, fazendo esculturas de areia. Até aí, tudo bem. Foi um atraso pequeno. O problema maior era o dever de casa que ele tinha esquecido de fazer. Com certeza, ele teria de fazer a lição enquanto os outros estivessem aproveitando o recreio.

Chegando à escola, encontrou a turma toda ao redor de uma mesa acompanhando uma experiência que o mestre Formisã estava fazendo. Ali, ao seu alcance, o caderno de Smilingüido estava aberto mostrando o dever feito.

"Puxa!" pensou Piriá. "E se eu copiasse rapidinho as respostas do Smi? Mestre Formisã jamais saberia e assim não perco o recreio..."

— Boa tarde, Piriá! — o pensamento foi interrompido pelo cumprimento de Formisã, que não se virou para olhar Piriá.

— Boa tarde, mestre — Piriá respondeu.

E o caderno do Smilingüido continuava aberto, pedindo para que Piriá o copiasse...

"Mas não é certo" pensou ele em voz alta como se estivesse respondendo a alguém. "Não é isso que o Senhor Criador quer que eu faça" e suspirou. "Mas é só um deverzinho de escola..."

E chegou mais perto do caderno do amigo. Mais perto... Bem pertinho...

— Não! Não vou fazer isso! Por mais que seja tentador, porque ninguém está vendo, o Senhor Criador verá! — Piriá falou alto.

E toda a turma olhou para ele sem entender direito o que estava acontecendo. Piriá deu um sorriso sem graça e se aproximou para ver a experiência do mestre ainda que pudesse perder o recreio por causa do dever não feito. (SP)

> Você já foi tentado a fazer algo errado e resistiu à tentação?
> Quando pedimos a ajuda de Deus, ele nos ajuda a fazer o que é certo.

Dia de festa

Dia 43

"Eu lhe tenho ensinado o caminho da sabedoria e a maneira certa de viver." Provérbios 4.11

— O formigueiro está lindo, todo enfeitado por causa do dia da rainha Formosa! — disse Faniquita. — Quando eu for rainha, quero que façam uma festa igualzinha.

— Pode contar comigo, porque gosto de festa, não sabe? — disse o Pildas.

— Muito bem, meus pequenos — interrompeu Formisã. — Voltem aos deveres.

Estavam todos em silêncio quando de repente ouviu-se um grito. O susto foi grande. Entretanto, era só a Faniquita desesperada com um problema:

— Não vou participar da comemoração, pois esqueci o presente da rainha!

— *Oxente*, Fani! O presente não importa! — disse Pildas. — Lembra daquele dia, quando você queria passear na Floresdeira? A rainha avisou que era perigoso. Você entendeu e não foi. Essa atitude deixou a rainha muito feliz.

— Mas não posso chegar à comemoração sem nenhum presente.

— Ah... Por que você não fala uma poesia? Posso ajudar tocando a sanfona.

— Combinado! Valeu, Pildas!

No meio da festa, Faniquita e Pildas homenagearam a rainha Formosa:

*"Minha rainha Formosa é mais bela que uma rosa!
Quero sempre amá-la e o seu exemplo imitar.
Obrigada, por me ensinar o que é certo
E sempre estar por perto."*

A rainha ficou emocionada com a homenagem, pois procurava ensinar os princípios do Senhor Criador às formigamigas. E viu que realmente valeu a pena!

Quem ensina a você coisas boas sobre Deus e a maneira certa de viver? Que tal dizer a eles o quanto lhes é agradecido?

Dia 44

A caminho da escola

"Vocês o amam, mesmo sem o terem visto, e crêem nele, embora não o estejam vendo agora. Assim vocês se alegram com uma alegria tão grande e gloriosa, que as palavras não podem descrever." 1 Pedro 1.8

Faniquita encontrou Smilingüido quando estava indo para a escola e disse:

— Olhe só, Smi, que colmeia bonita!

— É mesmo! É aí que moram aquelas abelhas grandes e valentes que vimos outro dia perto do lago — completou Smilingüido.

— Hummmm, deve estar cheio de mel aí dentro! As abelhas devem ser muito felizes, não é? — disse Faniquita.

— Será mesmo, Fani? — questionou Smilingüido.

— Será o quê? — perguntou Faniquita distraída.

— Será que elas, as abelhas, são mesmo muito felizes? — emendou Smilingüido.

— Acho que sim, pois têm um monte de comida que elas mesmas fazem, moram numa casa linda... Elas têm tudo! — comentou Faniquita.

— Pois é, Fani, mas não sabemos se elas têm uma coisa que vale mais do que tudo isso — disse Smilingüido.

— O quê? — Faniquita indagou inconformada.

— Será que elas têm a maior de todas as riquezas, Fani? — perguntou Smilingüido.

— Hummmm! Que riqueza pode ser maior do que...

— Será que elas já conhecem o Senhor Criador?

— Ah! É verdade, Smi! — concordou Faniquita. — Todas essas coisas não têm importância se não conhecerem ao Senhor Criador, não é mesmo?

— Pois é, Fani! Não troco nada pela alegria de poder falar com o Criador todos os dias. Isso é o que podemos ter de melhor! — concluiu Smilingüido. (KS)

Diga algo de que você gosta muito. Deus é mais importante do que isso? Por quê?

Na hora certa

Dia 45

"Não se vendem dois passarinhos por algumas moedinhas? Pois nenhum deles cai no chão sem que isso seja a vontade do Pai." Mateus 10.29

Toda semana, a rainha Formosa visita a rainha sauvita. As duas são boas amigas e gostam muito de conversar. Hoje, por exemplo, é dia de visita. Logo de manhã, os guardas reais já estão prontos para acompanhar a rainha durante a caminhada. Entretanto, Formosa está orando ao Senhor Criador. Ela nunca sai do formigueiro sem orar.

Depois da oração, a rainha chama os guardas e diz:

— Hoje não iremos ao formigueiro das sauvitas pela manhã, mas à tarde.

Assim, naquela tarde, a rainha Formosa parte com os guardas em direção ao formigueiro das sauvitas. Enquanto isso, Pildas está voltando para o formigueiro das formigamigas carregando um grande pedaço de fruta. Ele ainda não percebeu que uma grande formiga selvagem sentiu o cheiro da fruta fresca e está atrás dele para roubá-la. Na hora em que a formiga está pronta para atacar, Pildas escuta um barulho e, olhando para trás, vê o perigo. Assustado, sai correndo, gritando por socorro. Porém, no momento em que a formiga o alcança, os guardas da rainha chegam e salvam o pequeno. Eles estavam por perto e escutaram os gritos de Pildas.

— Oxente! Que sorte encontrar a rainha e os guardas na Floresdeira a essa hora! — diz Pildas com alegria.

Sorrindo, Formosa responde:

— Isso não foi sorte, Pildas. Nada acontece por acaso, sem o Criador saber.

Então, a rainha conta que, quando orava pela manhã, sentiu que seria melhor sair só à tarde. Parece que o Senhor Criador preparou o momento certo para que nada de mal acontecesse com o pequeno Pildas. (RB)

Quem pode enviar ajuda quando você está em perigo? Isso é sorte ou proteção de Deus?

Dia 46

Por que não tenho o papel principal?

"Pois Deus trata a todos igualmente." Romanos 2.11

Ao ver Faniquita sentada sozinha em uma pedra, Pildas pergunta:
— Por que você está assim tão cabisbaixa, Faniquita?
— Porque o mestre Formisã deu a lista das formigas que vão participar do teatro — responde Faniquita.
— E o mestre não escolheu você? — Pildas continua.
— Escolheu, mas achei que o papel principal era meu e não é! — diz Faniquita desconsolada.
— Não fique chateada, *si minina*. Quer um pouco de farinha de rosca? — pergunta Pildas tentando ajudar.
— Não; obrigada, Pildas. Isso não vai resolver — agradece Faniquita.
— Sabe, Faniquita, lembro que uma vez a rainha Formosa disse que para o Senhor Criador todos nós somos iguais! — afirma Pildas.
— E o que isso tem a ver com o teatro? — pergunta Faniquita.
— *Oxente!* Tem tudo a ver! — diz Pildas. — A rainha falou que não importa ser a rainha ou uma operária, porque o Criador nos ama da mesma maneira.
— Isso quer dizer que para o Criador, não faz diferença se eu tiver o papel principal ou não? — pergunta Faniquita.
— Isso mesmo; desde que você faça o melhor que puder e de coração!
— Obrigada pela ajuda, Pildas. Você é um amigão! Vou começar a decorar minhas falas. Quero fazer o melhor para o Criador! E...
— E o que, *minina* Fani?
— E vou também conversar com o Senhor Criador e pedir pra que ele tire de vez esse sentimento ruim por não ter o papel principal...
— Eita, *belezura*! Assim é que se fala, Faniquita! (TS)

É certo se achar "melhor" do que os outros?
É certo se achar "pior" do que os outros?
Por quê?

O pote de mel

Dia 47

"Ó Deus, (...) Tu não rejeitarás um coração humilde e obediente." Salmo 51.17b

Já está anoitecendo, é quase hora do jantar e nada do Forfo aparecer.
— Mas agora há pouco ele estava brincando de se esconder com a gente!
— Deixe-me ver: achei o Pildas atrás da pedra; o Smi embaixo da folha; o Piriá no galho; e o Forfo... Ih, o Forfo eu não achei, não! — lembra Faniquita.
Procuram daqui e dali, mas nada do Forfo. De repente, chega Formidável:
— O mel da rianhi Farmisa simou! Digo, o mel da rainha Formosa sumiu!
— Já sei! Então procuramos o Forfo e o mel também! — sugere Faniquita.
— *Oxente!* Vejam! Acho que isso aqui é uma gota de mel, não é, *bichim*?
— Parece que é mesmo! Olhem! Ali tem outra — descobrem Faniquita e Smilingüido.
Então, eles seguem o rastro de mel até que ele divide; e eles, dois a dois, cada par por um lado, acabam chegando ao mesmo lugar: uma caverna.
— Ahá! Agora vamos entrar e descobrir quem pegou o mel da rainha! — diz Piriá, corajoso, enquanto os outros estão meio medrosos.
Lá dentro, encontram Forfo escondido! E tem mais alguém...
— Flau?! O que está fazendo aí escondida atrás do Forfo? — perguntam.
— É que eu vi o Forfo pegando o mel e fui reclamar com ele. Só que eu tropecei... Aí o pote caiu e quebrou... — diz Flau quase chorando.
— Com o susto, a gente ficou com medo, sem saber o que fazer. Então, cada um correu para um lado... Mas acabamos nos encontrando na caverna — disse Forfo.
— Bem... Mas se vocês estão arrependidos de verdade, melhor do que se esconder é pedir desculpas à cozinheira e à rainha. Elas sabem que o Livro da Vida diz que devemos perdoar como o Senhor Criador perdoa — sugere Smilingüido.
Então Forfo e Flau concordam e juntos vão falar a verdade para a rainha.

(SP)

Segundo o versículo de hoje, Deus recusa o pedido de perdão de alguém sinceramente arrependido?

Dia 48

Louva, cigarra, louva!

"Eu sempre louvarei ao Deus Eterno; em todos os momentos o seu louvor estará nos meus lábios." Salmo 34.1

— Está tudo tão quieto, não acha, Fani? — comentou Forfo.
— É verdade. Estou sentindo falta de uma musiquinha...
— Por falar em música, por onde anda a cigarra? — perguntou Smilingüido.
— É mesmo, Smi! Passou a primavera, estamos no meio do verão, e ainda não ouvi a cigarra cantar. Vamos atrás dela? — propôs Faniquita.
— Vamos! — responderam Smilingüido e Forfo.
— Oi, Dona Cigarra! Tudo bem? — perguntou Smilingüido, à porta da casa da cigarra.
— Tudo... Quer dizer, mais ou menos. Tenho trabalhado muito!
— Dona Cigarrinha, o que aconteceu com a senhora? Está gripada? Por que parou de cantar? Estamos sentindo falta do seu canto — disse Faniquita.
— Parei de cantar, pois preciso juntar comida para o inverno.
— Ah, Dona Cigarra. Seu canto é tão bonito e deixa nosso dia tão alegre.
— É, mas cantar não enche barriga, minha querida. No verão passado, cantei o tempo todo e, quando chegou o inverno, passei frio e fome.
— Dona Cigarra, o Livro da Vida ensina que há tempo pra tudo — disse Smilingüido.
— O que isso quer dizer? — perguntou a cigarra.
— Que nós devemos ter tempo pra todas as coisas: tem hora de trabalhar, descansar, estudar, brincar, rir, chorar... Mas devemos louvar o Criador em todo o tempo. O Criador quer que a criação seja agradecida a ele!
— Sabe que é mesmo?! Fiquei aqui, preocupada com comida e com a casa, e me esqueci de louvar o Criador. Posso louvá-lo cantando enquanto trabalho também!
— Então, louva, Dona Cigarra! Louva! — disseram todos. (MM)

De que maneiras você pode louvar a Deus? Existe um momento certo para fazer isso?

Fazendo a diferença

Dia 49

"Assim também a luz de vocês deve brilhar para que os outros vejam as coisas boas que vocês fazem e louvem o Pai que está no céu." Mateus 5.16

Mestre Formisã reuniu toda a turma para contar uma história:

— O Livro da Vida conta a história de uma menina. Ela ainda era criança quando foi levada da cidade onde vivia para morar em outro país, na casa de um homem muito importante, chamado Naamã.

— Naa... O quê, mestre? — interrompeu Piriá.

— Naamã, Piriá! Ele era um homem importante, porque comandava o exército do seu país. Porém, um dia aconteceu algo muito triste com Naamã...

— O que foi, mestre? O que aconteceu com ele? — perguntou Faniquita curiosa.

— Ele ficou muito doente e não pôde mais comandar o exército.

— Que triiiste, mestre! — disse Faniquita.

— Mas, continuando, aquela menina disse a Naamã que havia um homem no país dela chamado Eliseu. Esse homem era amigo do Senhor Criador e poderia curá-lo. Naamã acreditou nas palavras da menina e viajou até o país dela.

— Oxente! E ele ficou bom, mestre? — perguntou Pildas.

— Vou contar: quando Naamã chegou lá, procurou Eliseu, que lhe mandou dizer para mergulhar sete vezes em um rio próximo dali. Assim, ele seria curado. Então, Naamã foi, e o Criador, que ajudava Eliseu, curou-o daquela doença!

— Puxa! Que legal! — exclamou Forfo animado com a história.

— A menina fez diferença na vida de Naamã. Ele foi curado e passou a conhecer o Senhor Criador. Vocês também podem fazer diferença ao falar sobre o amor do Senhor Criador, ajudar os outros e obedecer ao que o Livro da Vida diz — completou o mestre, encerrando a hora da instrução.

Todos saíram pensando na história e decididos a também fazer diferença.

(JH)

Quando Naamã ficou doente, o que a menina fez para ajudá-lo? Por meio dela, Naamã conheceu Deus. Você também já apresentou Deus a alguém?

Dia 50

Fim da trilha

"Tenho andado sempre nos teus caminhos e nunca me desviei deles." Salmo 17.5

— Quero ir com você! — disse Faniquita, decidida.

— Pode demorar, Fani — avisou Smilingüido. — Vou procurar até encontrar...

— Mesmo assim, quero ir com você — insistiu ela.

E foram: Smilingüido na frente e Faniquita atrás, fazendo a exploração do terreno. Eles queriam achar um novo lugar para acampar com a turma no fim de semana. Tinha de ser um lugar bonito, perto de um riacho, com sombra...

— O que foi? — Faniquita perguntou quando Smilingüido parou de repente.

— Aqui parece perigoso — respondeu ele. — O terreno está esquisito.

— Acho que, por aí, passava um riacho. O solo parece úmido e liso. Como vamos atravessar sem escorregar? — perguntou Faniquita um pouco assustada.

Smilingüido pensou um pouco e resolveu fazer pequenos buracos na terra para apoiar os pés a fim de passarem sem perigo.

— Venha bem atrás de mim, seguindo minhas pegadas — disse Smilingüido querendo parecer confiante.

Depois de atravessarem aquela parte, chegaram em segurança a um lugar lindo, onde poderiam fazer um acampamento bem gostoso. Mais tarde, quando contaram a aventura para o mestre, ele fez uma comparação:

— Assim como o Smilingüido resolveu aquele problema, o Filho do Senhor Criador construiu um caminho para cruzar os lugares mais difíceis. É só segui-lo.

Mas as formiguinhas não entenderam. Então, o mestre explicou melhor:

— Quando vocês ficarem com medo de alguma coisa, lembrem-se de que podem contar com um amigão: o Filho do Criador, que sempre tem um jeito de resolver os problemas e pode guiá-los com segurança em qualquer situação. (AF)

Segundo o que o mestre disse, quem é o amigão, com quem sempre podemos contar? Que tipo de problema ele pode resolver?

Os presentes do Smilingüido

Dia 51

"Quem dá é mais feliz do que quem recebe." Atos 20.35b

Hoje Smilingüido acordou com vontade de agradar aos amigos. Então saiu pelo formigueiro para procurar Forfo, Faniquita, Pildas e Piriá.

No meio do caminho, Smilingüido viu Forfo e deu a ele um suculento pedaço de maçã. Forfo não entendeu nada, mas gostou muito do presente. Logo depois, Smilingüido encontrou Faniquita e deu a ela uma linda flor. Faniquita amou! Foi então que Pildas apareceu e Smilingüido aproveitou para lhe dar um aviãozinho de casca de árvore que ele mesmo tinha feito. Pildas ficou muito feliz e disse que ainda faltava bastante tempo para o seu aniversário. Smilingüido falou ao amigo que o presente era para mostrar o quanto gostava dele. Pildas agradeceu e foi brincar.

Agora só faltava Piriá, seu melhor amigo. Smilingüido foi procurá-lo e viu que o amigo estava carregando uma folha muito pesada. Então Smilingüido ajudou Piriá a levar a folha e depois deu a ele um par de luvas novinhas. Piriá gostou muito das luvas novas e Smilingüido ficou mais contente ainda. Ele viu como era gostoso agradar aos outros! Afinal, o Livro da Vida diz que é melhor dar do que receber. No fim do dia, Smilingüido estava se sentindo a formiga mais feliz do mundo! (RB)

Pense em algo bem legal para fazer a alguém. Depois de fazer, diga como você se sentiu.

Dia 52

Não se preocupem

"Não se preocupem com nada, mas em todas as orações peçam a Deus o que vocês precisam..." Filipenses 4.6a

De madrugada, as formigamigas acordaram por causa de um barulho forte.

— O que é isso? — perguntou Faniquita assustada.

— Não sei, mas que barulhão! O que está acontecendo? — indagou Smilingüido.

Logo em seguida, mestre Formisã entrou e viu que todos já estavam acordados.

— Minhas formiguinhas, está caindo granizo, ou seja, uma chuva de pedra de gelo! — explicou ele.

— Então foi esse barulho que nos acordou... — falou Smilingüido.

De repente, a chuva de pedra parou; entretanto, continuou a chover muito forte. Formidável veio correndo avisar:

— O xumigueiro vai idunar, digo, o formigueiro vai inundar!

E, em vez de diminuir ou parar, a chuva aumentava cada vez mais. Todos estavam preocupados. Só mestre Formisã estava calmo e pôde lembrar a todos que os soldados já haviam cavado um canal em volta do formigueiro quando viram as nuvens escuras durante o dia. Assim, a água correria pelo canal e impediria uma inundação.

O mestre aproveitou então para sentar perto dos pequenos e dizer:

— Não se preocupem, minhas formiguinhas! No Livro da Vida está escrito que o Senhor Criador cuida de nós. Em situações assim, ele nos dá sabedoria para agir da maneira certa. Vamos orar juntos?

Todos oraram. Enquanto isso, o bom trabalho das formigas-soldado deu resultado. O formigueiro estava a salvo. Logo a chuva também se acalmou, e as formigamigas voltaram para a cama para continuar a dormir. Contudo, antes, lembraram de agradecer ao Criador por mais uma noite de proteção. (MS)

Você já passou por uma situação de perigo em que Deus lhe mostrou como agir? De que maneira as formigas-soldado foram usadas por Deus para ajudar todas as formigamigas?

Limpinhos, limpinhos!

"Mas, se confessarmos os nossos pecados a Deus, Ele (...) nos limpará de toda maldade." 1 João 1.9

Dia 53

As formigamigas estavam agitadas. Era dia de festa no formigueiro. Para ir à festa, todos deveriam usar botas bem limpas. Faniquita, Pildas, Smilingüido e Piriá estavam prontos para ir, e suas botinhas brilhavam de tão limpinhas.

Eles haviam acabado de encontrar o mestre Formisã e estavam esperando que Forfo chegasse. Faniquita já não aguentava mais esperar. Todos achavam que Forfo estava demorando demais. Então ele chegou de cabeça baixa, com lágrimas nos olhos, e disse:

— Quando eu estava vindo pra cá, minhas botinhas estavam brilhando. Mas, no caminho, vi uma bola que algum inseto deve ter perdido! Só não percebi que estava perto de uma poça de lama e quando fui pegá-la, acabei sujando as minhas botas. E agora, buááááá, todos os meus amigos vão estar na festa, buááá, menos eu...

Smilingüido e Piriá se olharam e tiveram a mesma ideia! Correram para pegar algumas folhas e, com a ajuda de Pildas, limparam as botinhas de Forfo.

Enquanto estavam na fila para entrar na festa, Piriá disse para Forfo:

— As manchas nas tuas botinhas te deixaram muito incomodado, não é mesmo? Mas, depois de uma boa limpeza, elas estão brilhando novamente!

— E agora, *bichim,* você poderá entrar e participar da festança! — disse Pildas.

— Humm, isso me lembra a grande festa do Senhor Criador! — comentou mestre Formisã.

— Oba! Para essa, vou tomar cuidado pra não me sujar de novo! — disse Forfo.

— Entretanto, para entrar nessa festa no céu, não precisaremos limpar as botinhas, Forfo. Precisaremos limpar o coração. Para isso, devemos pedir perdão ao Senhor Criador pelos nossos pecados e ficaremos limpinhos, limpinhos! (JH)

O que você precisa fazer para poder participar da grande festa no céu? Que tal pedir perdão a Deus pelas coisas erradas que sujaram seu coração hoje?

Dia 54

Má companhia

"A pessoa sensata vê o perigo e se esconde; mas a insensata vai em frente e acaba mal." Provérbios 22.3

Faniquita estava colhendo flores tão distraída que não percebeu um besouro chegando em sua direção. Quando ela o viu, levou um susto:

— Aaaaaai! Não vi você... — gritou e quis correr.

— Calma, pequena! Não precisa se assustar. Estou procurando alguém com quem fazer amizade — falou o besouro. — Então, como você se chama?

— Olha, a rainha falou que não devo falar com estranhos e...

— Ah, não sou estranho. Veja, estamos conversando e já somos amigos...

— Sei não! — falou Faniquita muito receosa.

— Ah! Já estava esquecendo... Tenho uns doces... Pegue; são seus!

— Nã-nã-ni-nã-não! Também não posso aceitar! — falou Faniquita.

— Não seja boba! São só doces. Quero ser seu amigo. Mas você não precisa contar a ninguém sobre a nossa amizade especial — o besouro tentou convencê-la.

— Olha lá... É o mestre Formisã! Mestre! Mestre!

— Pssssshhh! Quieta! Deixe-o pra lá! — falou o besouro irrequieto.

Quando ele viu o mestre chegando, saiu correndo.

— Olá, Faniquita! Você estava conversando com quem?

— Ele queria ser meu amigo, ofereceu doces e disse pra eu não contar pra ninguém sobre a nossa amizade especial.

— Faniquita, você foi muito esperta quando me chamou e, graças ao Senhor Criador, senti que precisava vir por este caminho. Temos de tomar cuidado com estranhos que querem nossa amizade e pedem para guardarmos segredo a respeito disso. O Livro da Vida nos ensina que não devemos dar atenção a eles, mas manter distância, pois eles podem ser muito perigosos. (JF)

Por que o besouro se escondeu quando viu o mestre chegando? Quando você estiver sozinho, nunca dê atenção a estranhos, pois eles podem ser p_____.

Com a ajuda de todos

"Tenhamos consideração uns para com os outros, a fim de ajudarmos todos a terem mais amor e a fazerem o bem." Hebreus 10.24

Dia 55

O formigueiro estava úmido por causa da chuva dos últimos dias, e o vento estava forte. Ainda bem que tinha bastante alimento no formigueiro. As formigamigas trabalharam duro e agora podiam se proteger do frio e da chuva. Elas estavam descansando quando ouviram os soldados da rainha chamá-las para uma reunião com todo o formigueiro. Elas se apressaram.

— Bom dia, formigamigas! Tenho algo importante para conversar com vocês. É sobre nossas vizinhas, as sauvitas. Por causa da chuva, elas perderam parte dos alimentos e gostariam de saber se nós podemos ajudá-las a repor seu estoque. O que vocês acham? — a rainha perguntou.

— Mas, rainha, com essa chuva vai ser bem difícil! — falou Piriá.

— Por que não damos um pouco do nosso alimento? — sugeriu Smilingüido.

— Podemos fazer isso, Smi. Mas acho também que podemos trabalhar com elas assim que a chuva parar. Dessa forma, não faltará comida no inverno nem para elas, nem para nós! — Formosa esclareceu, e todos concordaram.

Nos dias seguintes, as sauvitas comeram do estoque de alimentos das formigamigas. Contudo, assim que passou a chuva, as formigas dos dois formigueiros saíram em busca de mais alimentos. E voltaram com frutas fresquinhas, porque, com o vento e a chuva dos dias anteriores, vários frutos foram derrubados das árvores, formando um lindo tapete. Assim, as sauvitas abasteceram seu estoque de comida, e as formigamigas puderam repor o delas.

À noite, a rainha fez uma grande reunião:

— Agradeço a todos vocês que trabalharam para ajudar as sauvitas. Estou feliz por ser rainha de um formigueiro onde as formigas sabem ajudar! (CS)

Pense em como você pode ajudar alguém:
- dando algo seu;
- prestando um serviço;
- dizendo palavras amáveis e de gratidão.

Dia 56

Antes, um bom banho

"Será que vocês não sabem que o corpo é o templo do Espírito Santo, que vive em vocês e foi dado por Deus?" 1 Coríntios 6.19

Faz uma tarde ensolarada no formigueiro, e os pequenos brincam na Floresdeira.

— Cansei de brincar de esconde-esconde... — reclama Faniquita.

— *Oxente!* Vamos brincar de boneco de lama? — pergunta Pildas.

— Que brincadeira é essa, Pildas? — pergunta Forfo.

— Eu sei! — responde Smilingüido. — Encontramos terra molhada e, então, cada um faz um boneco de terra. No fim, escolhemos o boneco mais engraçado.

— Parece superlegal! — grita Faniquita.

E assim, animada, a turminha toda sai à procura de lama. Porém, não leva muito tempo, pois Forfo logo encontra o lugar certo. E, mais do que depressa, todos começam a construir seus bonecos.

De repente, Piriá se lembra de que eles combinaram de pegar um livro com o mestre Formisã antes do pôr-do-sol. Por isso, a turma deve correr para chegar a tempo. Mas todos estão muito sujos de lama e precisam de um banho.

— Tem um lago perto daqui onde podemos tomar banho! — lembra Pildas.

— Aquele lago de água suja e barrenta não, né, Pildas?! — Faniquita discorda.

— Vamos correr até o riachinho e tomar um banho rápido — sugere Smilingüido. — Afinal, aquelas águas são tão puras que vamos ficar limpinhos em pouco tempo!

— É mesmo, *bichim*. E, assim, ninguém vai ficar doente, né? — sorri Pildas.

Então, após tomar um banho gostoso nas águas limpas do riachinho, a turma consegue chegar a tempo à sala do mestre. Afinal de contas, mesmo com toda a pressa, precisamos cuidar bem do presente que o Senhor Criador nos deu: o nosso corpo. (RB)

E você? Já tomou banho hoje? Por que Deus se alegra quando cuidamos bem do nosso corpo?

A neblina

Dia 57

"... Porque vocês são como uma neblina passageira, que aparece de repente e logo depois desaparece." Tiago 4.14

Amanheceu, e uma neblina encobria toda a Floresdeira. Piriá teve uma ideia:

— Com uma neblina dessas, daria pra brincar de esconde-esconde!

— *Oxente!* Do jeito que está, nem precisa se esconder! — retrucou Pildas.

Mas Smilingüido acabou com a alegria de todos, lembrando que era dia de aula.

Então, eles se prepararam e seguiram para a escola. Chegando lá...

— Pequenos, a aula hoje vai ser na Floresdeira! — disse Formisã.

— *Oxente!* Com toda aquela fumaceira lá fora? — comentou Pildas.

— Na verdade, quero que vocês aprendam algo importante! — disse o mestre.

Todos se dirigiram para a Floresdeira mesmo com a neblina. Assim que encontraram um local adequado para a aula do mestre, não demorou muito e a neblina se foi.

— O Livro da Vida diz que nós somos como a neblina! Por pouco tempo estamos aqui e, depois, podemos não estar mais! A vida aqui tem um fim! — ensinou o mestre.

— Ah... Estou ficando triste com essa conversa... — choramingou Faniquita.

— Mas não termina por aí, pois o Senhor Criador prometeu que, por meio de seu Filho, nós teremos uma vida sem fim! — disse o mestre.

— Já li no Livro da Vida que quem crer no Filho do Senhor Criador, viverá pra sempre com ele. E li também que ele veio nos dar muuuiiita vida! — completou Smilingüido.

— Sim, Smi. Em várias partes do Livro da Vida lemos isso. Então, podemos confiar na palavra do Senhor Criador e viver alegres!

— Ahá! Sei como ficar bem alegre agora: que tal brincarmos de pega-pega?

— Está bem, pequenos. Podem ir brincar. Faremos um intervalo! — disse o mestre enquanto eles saíram correndo cheios de alegria. (CF)

Por que somos comparados com a neblina? Deus é quem sabe quando a neblina vem e quando ela desaparece. Assim, também nós estamos sob o cuidado dele, por isso, não precisamos nos preocupar.

Dia 58

Ansiedade faz mal

"As preocupações roubam a felicidade da gente, mas as palavras amáveis nos alegram." Provérbios 12.25

Faniquita e Piriá encontram-se na Floresdeira.

— Nossa, Fani! Aonde tu vais com tanta pressa? — pergunta Piriá.

— Preciso procurar um presente para a rainha Formosa. Daqui a dois meses, é o aniversário dela, e eu ainda não sei o que vou dar — fala Faniquita, preocupadíssima.

— Ô, Fani! Tu não achas que é muito cedo pra encontrar o presente da rainha? Ainda faltam dois meses! — comenta Piriá.

— Ah, não consigo pensar em outra coisa, Piriá! E você? Pra onde está indo? — pergunta Faniquita.

— Estou procurando aquelas "cascas de árvore" para o trabalho da escola — responde Piriá.

— Ai! Eu me esqueci do trabalho! E é pra amanhã! — diz Faniquita.

— Viu? Ficas aí preocupada com um aniversário que é daqui a dois meses e nem fizeste o trabalho que é pra amanhã! — fala Piriá.

— Puxa, é mesmo! Ando muito ansiosa pra que chegue esse dia! Gosto demais da rainha... — diz Faniquita.

— Fani, tu te lembras que o mestre disse que o Senhor Criador não quer que andemos ansiosos? Faz mal! Tu até te esqueceste do teu trabalho da escola! — fala Piriá.

— É, você está certo! Vou procurar as "cascas de árvore" com você e colocar um bilhete no meu quarto pra eu me lembrar do aniversário da rainha quando estiver mais próximo! — conclui Faniquita. (DMS)

Leia o versículo de hoje novamente.
O que quer dizer: "preocupações roubam a felicidade"?

Faça aos outros

Dia 59

"Façam aos outros a mesma coisa que querem que os outros façam a vocês." Lucas 6.31

Deitada sobre uma folha bem macia, Faniquita descansava, pensando em voz alta: "Como seria bom se o Piriá me trouxesse uma água bem geladinha... Ah! Eu também ficaria feliz demais se ganhasse um presente do Pildas!... E se o Smi aparecesse com uma frutinha bem doce pra mim... Que delícia!"

De repente, lembrou-se do versículo ensinado por Formisã no dia anterior: *"Façam aos outros a mesma coisa que querem que os outros façam a vocês"*.

"Puxa! O que será que o mestre quis dizer com isso? Deixe-me ver se entendi... Se quero que os outros façam coisas boas pra mim, devo fazer coisas boas para os outros? Hummm... Então, se quero ganhar uma fruta ou um presente dos amigos, devo fazer isso pra eles?" pensou Faniquita quando teve uma ideia!

Correu para chamar a turminha e, muito entusiasmada, disse:

— Vamos brincar de *"Faça aos outros"*?

— *Oxente*, que brincadeira é essa? — perguntou Pildas curioso.

— Primeiro, devo pensar no que quero que façam pra mim. Por exemplo: eu gostaria que o Pildas me trouxesse água gelada. Depois de pensar, devo escrever neste pedaço de papel — disse Faniquita, entregando papéis para todos.

— Agora que escreveram, vamos começar a brincadeira — ela continuou. — Mas cada um vai *fazer aos outros* o que escreveu. Eu começo: vou dar água gelada para o Pildas! Entenderam? — perguntou Faniquita.

— Sim — disse Forfo. — Sou o segundo! Vou pegar uma gabiri pra dar ao Piriá.

Todos participaram da brincadeira, e a turma se divertiu muito naquela tarde. A Faniquita ficou feliz porque, assim, eles realmente aprenderam o versículo do dia anterior. (JH)

Que tal sugerir a brincadeira do *"Faça aos outros"* para os seus amigos? Assim, vocês irão se divertir e ao mesmo tempo aprender como as formigamigas!

Dia 60

Dividir com quem precisa

"... Tratem uns aos outros com bondade e compaixão." Zacarias 7.9b

— Figo, fago! Ééééé... Fogo, fogo! — Formidável veio correndo para dar a terrível notícia.

A rainha Formosa ficou preocupada e perguntou:

— Fogo, Formidável? Onde?

Formidável respirou fundo e respondeu:

— Rafinha, éééé... rainha! O xumigueiro das xurmigas fauvitas, quero dizer, o formigueiro das formigas sauvitas pegou fogo. Ou seja, a mata está queimando ao redor do formigueiro delas.

Imediatamente, a rainha Formosa chamou seus guardas e ordenou que ajudassem as sauvitas.

No dia seguinte, as formigamigas queriam saber as notícias. A rainha Formosa contou-lhes tudo:

— O fogo lá do outro lado da Floresdeira trouxe grande destruição. Mas, graças ao Senhor Criador, ninguém saiu ferido. As sauvitas precisam do nosso apoio porque perderam quase tudo. Precisamos ajudar na reconstrução daquele formigueiro.

Os pequenos estavam querendo ajudar. Então Pildas teve uma ideia:

— Cada um de nós pode fazer um brinquedo pras pequenas sauvitas!

Todos concordaram. Assim, juntaram tudo num saco e entregaram para a rainha Formosa. Ela ficou admirada:

— Muito obrigada, meus pequenos. Estou orgulhosa de vocês, pois mostraram compaixão. Vocês mesmos podem entregar esses presentes para as sauvitas.

As formigamigas ficaram felizes e a alegria foi maior ainda na hora da entrega dos brinquedos, tanto para os doadores quanto para os ganhadores. Saula, a amiga deles, até chorou de alegria. Depois, os pequenos passaram momentos agradáveis brincando juntos. (MS)

Pense em alguma coisa que você pode repartir com outra criança. Ela vai se alegrar com sua atitude. E você?

Cuidados com a natureza

"A terra produziu todo tipo de vegetais (...) E Deus viu que o que havia acontecido era bom." Gênesis 1.12

Dia 61

Certa manhã, a rainha Formosa, logo ao acordar, olhou para fora e agradeceu ao Senhor Criador pela natureza que Ele havia criado. Pensou:

— Ah! Que dia lindo! Vou passear um pouco antes de ir trabalhar.

Durante o passeio, reparou que perto do formigueiro havia plantas mortas, flores pisadas e muita vegetação descuidada. Isso a entristeceu muito! Então resolveu convocar os ministros e o mestre Formisã para ver o que poderia ser feito. Eles decidiram reunir todas as formigas numa assembleia geral:

— Querido formigueiro, nossa rainha está muito preocupada com a falta de cuidado que temos tido com a natureza ao nosso redor. Vocês sabem que as flores, as árvores e todas as plantas foram criadas pelo Senhor Criador, e todas têm sua importância! — explicou o mestre Formisã.

— É verdade. E se nós não cuidarmos da natureza, algumas espécies de plantas podem até desaparecer, assim como os animais e também nós, as formigas, pois precisamos dessas plantas para nos alimentar! — disse a rainha.

— Isso mesmo! E além do mais, o Senhor Criador se entristece quando não cuidamos do que ele criou! — completou o mestre.

Mais tarde, na hora da instrução, Formisã aproveitou para conversar com os pequenos sobre o assunto e Smilingüido logo decidiu:

— A partir de hoje, vou tomar mais cuidado quando jogar bola. E mais: todos os dias vou dedicar um pouco de tempo para cuidar das plantas...

Todos concordaram com ele. Se empolgaram e decidiram fazer alguma coisa juntos. Combinaram que iriam cuidar mais da natureza e depois da aula foram logo regar algumas flores e plantar novos arbustos! (KS)

Pense em mais exemplos de como você pode cuidar da natureza que Deus criou.

Dia 62

Uma aula cansativa

"Filhos, o dever cristão de vocês é obedecer aos seus pais, pois isso é justo." Efésios 6.1

Mestre Formisã queria começar a hora da instrução. Bateu palmas e disse:

— Minhas formiguinhas, sentem-se por favor! Vamos prestar atenção agora!

No começo da aula, todos estavam escutando atentamente. Porém, logo dois deles começaram a dar risada. Formisã acenou para que se aquietassem:

— Smi e Piriá, prestem atenção para conseguirem fazer as tarefas.

Os dois ficaram com vergonha e se sentaram direito nas cadeiras.

Passou um tempo e Faniquita escreveu um recadinho para o Forfo. Lançou a folhinha dobrada por cima dos colegas e logo todos também começaram a jogar bilhetes pela sala. Novamente Formisã teve de chamar a atenção dos pequenos. O que estava acontecendo com as formigamigas?

Mestre Formisã suspirou e disse:

— Por causa do mau comportamento de vocês, devo cancelar o passeio de hoje. Vocês podem ir para casa.

Todos ficaram assustados. Estragaram uma coisa que tanto gostavam de fazer! Faniquita pensou em como o mestre também deveria estar chateado.

— Mestre, fizemos bagunça e desobedecemos. Peço perdão pelo que fiz — ela falou.

Os outros ficaram pensativos e, arrependidos, também pediram desculpas. Mestre Formisã ficou contente:

— Todos nós temos de obedecer. O mais importante é obedecer ao Senhor Criador, mas também é preciso obedecer aos mais velhos, pois a obediência é uma prova de amor. (MS)

A quem você deve obediência?
A quem todos, crianças e adultos, devem obedecer?

A excursão

Dia 63

"... *Perdoem os outros, e Deus perdoará vocês.*" Lucas 6.37b

— Vamos organizar uma excursão pela Floresdeira? — Piriá convidou.
— Pode contar comigo, *bichim*! — disse Pildas.
— Quero ir também — emendou Forfo.
— Prefiro ficar estudando — respondeu Taploft. — E cuidado: não levem muito peso, porque atrapalha a caminhada.

Então lá se foram pela Floresdeira: Piriá, Pildas e Forfo. Entretanto Forfo não prestou atenção ao conselho de Taploft e levou uma mochila cheia de comida. Caminharam um pouco e ele já não aguentava mais aquele peso.

Piriá ficou bravo com Forfo e queria deixá-lo sozinho. Porém Pildas não concordou e disse que voltaria com Forfo para o formigueiro. Muito contrariado, Piriá acabou voltando também.

À tarde, na fila do lanche, os amigos se encontraram; porém, Pildas e Piriá nem se olharam. Forfo contou para Smilingüido o que tinha acontecido.

— O motivo da briga de vocês foi o peso da mochila, e agora vocês estão carregando um peso muito maior: o peso da mágoa. Podemos amar e perdoar assim como o Criador nos ama e nos perdoa, ouviram? — disse Smilingüido.

Piriá e Pildas então fizeram as pazes, e Forfo deu um forte abraço nos dois.

— Tá bom, *bichim*! Desse jeito, você esmaga a gente! — brincou Pildas.
— É que estou muito feliz porque os meus amigos se perdoaram! O perdão deixa a gente levinho, levinho! — disse Forfo. (ER)

Por que ficar brigado com um amigo não é bom? Fazer as pazes significa pedir p_____ ao amigo e também perdoar a ele.

Dia 64

Dar e receber

"... Quando vocês fizeram isso ao mais humilde dos meus irmãos, de fato foi a mim que fizeram." Mateus 25.40b

— Vamos sentar aqui, descansar um pouco, comer e, depois, continuaremos nosso passeio — disse Formisã.

O mestre e toda a turma se sentaram. Cada um tirou o seu lanche. Forfo já ficou com água na boca. Mas antes da primeira mordida, ouviu um barulho...

"O que foi isso?" pensou ele e sem ninguém perceber foi ver o que era.

Não muito longe, viu uma joaninha sentada numa pedra, chorando. Forfo ficou com pena, se aproximou e perguntou:

— Por que você está chorando? O que aconteceu?

— Estou com fome, mas até agora não achei nada para comer. Preciso voltar pra minha casa, mas, assim tão fraca, nem posso voar — respondeu a joaninha entre lágrimas.

Mesmo com fome e o estômago roncando, Forfo tirou seu lanche e disse:

— Não sei se você gosta do que tenho aqui. Você quer?

Com muita alegria, a joaninha aceitou:

— Muito obrigada! Com certeza vou gostar. Mas eu divido com você!

— Não, coma tudo. Você está com mais fome do que eu — respondeu Forfo.

A joaninha não deixou nada. Satisfeita, agradeceu ao Forfo mais uma vez e se despediu. Com o estômago roncando, mas o coração alegre, Forfo voltou. Todos ainda estavam comendo. Ele se sentou, pensando na satisfação da joaninha. De repente, de todos os lados, aparecia alguém oferecendo:

— Forfo, quer um pouco do meu lanche?

Ele aceitou com alegria. Mas sua grande recompensa foi a felicidade por ter ajudado alguém que precisava. (MS)

Você já ajudou alguém que estava em necessidade? Como você se sentiu?

Como os outros lhe veem?

Dia 65

"A criança mostra o que é pelo que faz; pelos seus atos a gente pode saber se ela é honesta e boa." Provérbios 20.11

— O mestre Formisã é muito legal mesmo! — elogiou Pildas.
— É! Ontem, fizemos bagunça na aula... Acho que ele ficou bravo, mas não gritou com a gente — lembrou Smilingüido.
— Mas ele cancelou o passeio que faríamos à tarde — falou Piriá, triste.
— Bem que merecemos, né, Piriá?! — disse Faniquita. — Devemos agradecer todos os dias por termos um professor assim.
Todos concordaram. Pildas ficou pensativo e de repente perguntou:
— Oxente! Alguém já viu alguma vez o mestre Formisã xingar?
— Eu, não! Nunca! — respondeu Forfo. — Mestre Formisã... Xingar?! Claro que não! — disse Faniquita.
— Também nunca mentiu pra nós — continuou Smilingüido.
— Tens razão! Tudo o que ele fala é verdade — concordou Piriá.
— E ele sempre cumpre todas as promessas que faz — completou Faniquita.
— Ele já me corrigiu umas vezes, mas só quando eu mereci — disse Forfo.
— É! O mestre é um grande amigo. Ele também conhece muito bem o Livro da Vida. Por isso sabe o que é certo e o que é errado — falou Smilingüido.
— Quando eu crescer, quero ser como ele, *bichim!* — disse Pildas.
— É, tem razão! Ele é legal! E é bom ser assim: alguém de quem todo mundo fala bem — Smilingüido pensou alto.
— Temos que aprender muito ainda. Mas eu quero que, quando alguém falar de mim, só fale coisas boas — disse Forfo.
— Eu também! — falou Faniquita. — Isso é muito bom!
Todos então ficaram felizes por ter o mestre Formisã como exemplo. (MS)

Você tem alguma pessoa que lhe serve de exemplo? O nosso melhor exemplo é Jesus. Se você se esforçar para agir como ele, com certeza as pessoas falarão bem de você.

Dia 66

O segredo da rainha

"... Abriu as janelas, ajoelhou-se e orou, dando graças ao seu Deus (...) costumava fazer isso três vezes por dia." Daniel 6.10b

"Queria saber o que a rainha Formosa faz pra ser uma rainha tão boa! Ela deve ter um segredo e não quer contar pra ninguém. Amanhã vou observá-la o dia todo e assim vou descobrir o que é", pensou Faniquita.

No dia seguinte, Faniquita levantou-se bem cedo e devagarinho aproximou-se da janela do quarto da rainha. Ficou na ponta dos pés, olhou e se admirou. Lá estava ela, de joelhos, orando.

Depois a rainha foi observar o trabalho e os estudos das formigas. Como sempre, tinha muita paciência, demonstrava carinho e amor. Faniquita prestava atenção em tudo o que ela fazia.

De tarde a rainha se pôs de joelhos e orou novamente.

No resto do dia, nenhuma briga ou desordem no formigueiro deixou a rainha nervosa ou brava.

Antes de dormir, Faniquita viu outra vez que a rainha não se esqueceu de orar.

"Vou fazer o mesmo que a rainha faz", Faniquita pensou ao se deitar.

Na manhã seguinte, a primeira coisa que fez foi se colocar de joelhos e orar. À tarde e antes de dormir, a mesma coisa. As formigamigas perceberam que Faniquita estava diferente: não brigava tanto e tinha mais paciência também.

Mas, depois de alguns dias, Faniquita teve preguiça de levantar cedo para orar. Nesses dias ela brigou mais e ficou impaciente. Logo ela percebeu que o Senhor Criador é quem ajuda cada um a ser melhor.

Agora ela entende o que é mais importante para ser uma boa rainha e uma boa formiga também. (MS)

Quem pode ajudar você a ser uma criança melhor?
Assim como a rainha e a Faniquita, você pode _____ a Deus.

Que tombo!

Dia 67

"Filho, não se esqueça dos meus ensinamentos; lembre-se sempre dos meus conselhos." Provérbios 3.1

— O que é aquilo? — perguntou Piriá, apontando para alguma coisa. Smilingüido olhou bem antes de responder:
— Ah, é um morango silvestre! Uma frutinha bem gostosa por sinal.
E já ia saindo, mas Piriá puxou o amigo outra vez:
— Vamos pegá-la! — Piriá propôs.
— Não sei, não! É alto! Só adultos podem subir — disse Smi. — O mestre sempre diz que isso é perigoso. Nem o Forfo tenta subir! Por que você quer ir lá?
— É exatamente para o Forfo! Quero fazer uma surpresa... Ah, vamos, Smi!
— Está bem! — Smilingüido se convenceu depois de muita insistência do amigo.
Depois de muitas tentativas, finalmente conseguiram escalar o pé de morango.
— Vamos derrubar a fruta agora! — gritou Smilingüido para Piriá.
Lá de cima, eles calcularam bem o lugar onde a fruta cairia. Era perfeito!
— Vamos então! — concordou Piriá — Um, dois, três e... J-JÁÁÁÁ!!!
Ops! Algo deu errado! Eles não sabiam que o morango estava meio verde e, por isso, não cairia facilmente. Eles tanto forçaram que acabaram se esborrachando no chão. Ficaram tão doloridos que nem conseguiam andar direito.
— É, o mestre Formisã tinha razão... — disse Smilingüido.
— Bem que ele nos ensinou a ouvirmos os mais velhos. Ai... — Piriá exclamou.
Mais tarde, no formigueiro, o mestre fez curativos neles.
— Piriá e Smi, olhem os frutos que vocês colheram: em vez de morangos, têm agora frutos de uma atitude descuidada: os joelhos todos machucados! Da próxima vez lembrem-se dos conselhos daqueles que amam muito vocês. (AF)

Quem são as pessoas que lhe dão bons conselhos?
Por que é melhor ouvi-los e não se esquecer deles?

Dia 68

Uma grande ajuda

"... E sejam agradecidos." Colossenses 3.15b

Certa vez as formiguinhas estavam preocupadas porque precisavam fazer um dever de casa muito difícil e ainda tinham várias dúvidas. Então resolveram pedir ajuda ao mestre Formisã, mas lembraram que ele havia ido ao formigueiro das sauvitas e só voltaria à noite. O único jeito era pedir ajuda para outra formiga.

— E se nós falarmos com o Taploft? Ele é o aluno mais estudioso da classe! — sugeriu Smilingüido.

— Ah, não... O Taploft explica demais! — resmungou Faniquita.

— Além disso, acho que ele nem vai querer ensinar a lição — disse Piriá. — De qualquer forma, ele é o único que deve saber.

Assim, as formiguinhas decidiram procurar Taploft e pedir ajuda. Então foram até o quarto dele e contaram o que estava acontecendo. Ao contrário do que a turma esperava, Taploft concordou em ajudar e tirou as dúvidas de todos: de Smilingüido, Faniquita, Pildas, Forfo e Piriá.

No dia seguinte, Formisã corrigiu a lição e deu "parabéns" para os alunos. Graças à ajuda de Taploft, todos foram muito bem! As formiguinhas ficaram muito contentes e resolveram comemorar, brincando na Floresdeira depois da aula.

Smilingüido então foi até Taploft e lhe agradeceu pela ajuda. Taploft, por sua vez, se ofereceu para ensinar outras coisas ao amigo.

— Ah, não, Taploft! Já estudamos bastante. Você nos ajudou muito. Agora queremos lhe agradecer e convidá-lo pra brincar conosco na Floresdeira.

— Vamos!

Naquele dia Taploft se divertiu bastante com toda a turma. (RB)

Quando um amigo o ajuda, você lembra de agradecer-lhe, assim como fez Smilingüido? Dessa forma, ele se sentirá importante e o ajudará mais vezes!

Forfo foi recompensado

Dia 69

"Porque ele dará de acordo com o que cada um tem feito." Romanos 2.6

Como sempre, antes de saírem, as formigamigas oraram: "Senhor Criador, proteja-nos dos perigos durante o passeio pela Floresdeira. Nós agradecemos ao Senhor pela natureza e por tudo o que tem feito por nós. Amém!"

Andando pela Floresdeira, Faniquita e Forfo admiravam tudo:

— Forfo, olha aqui! Que flor bonita!

— E olha lá! Que árvore alta! Parece que vai até o céu! — disse Forfo.

Os dois pararam, contemplando a natureza boquiabertos e com os olhos arregalados. Afinal, não queriam perder nada daquele espetáculo maravilhoso projetado pelo Senhor Criador!

De repente perceberam que apenas o silêncio reinava. Não ouviam mais conversas nem o barulho das outras formiguinhas.

— Forfo, estamos sozinhos e perdidos. O que vamos fazer agora? — perguntou Faniquita, assustada.

Eles resolveram ficar por ali. Porém as horas passaram e nada aconteceu. Já havia escurecido, e os dois estavam com medo. Faniquita começou a chorar:

— Forfo, está demorando demais pra nos encontrarem. Quero ir pra casa!

Forfo se aproximou mais da Faniquita e abraçou-a. Os dois fecharam os olhos, pensando nos amigos do formigueiro e, quando abriram os olhos novamente, que surpresa! Todo o caminho estava iluminado, cheio de vaga-lumes. Uma joaninha se aproximou, olhou para Forfo e disse:

— Você se lembra? Eu estava com fome e você me deu comida! Agora eu quero ajudar. Chamei todos os meus amigos vaga-lumes. Eles vão levá-los até o formigueiro.

Felizes, os dois agradeceram. E logo adiante encontraram a turma toda procurando por eles. Foram recebidos com muita alegria. A ajuda que Forfo deu àquela joaninha foi recompensada e todos ficaram contentes: quem ajudou e quem foi ajudado. (MS)

O que você entendeu do versículo de hoje?
Quem ajuda os amigos também será _____.

Dia 70

O mosquito

"... Quem ama é filho de Deus e conhece a Deus." 1 João 4.7b

— Que dia quente e bonito! Vou chamar a turma pra brincar no lago! — disse Piriá.

Quando a turma chegou ao lago, todos pularam na água imediatamente. De repente, escutaram um ruído diferente. Era um mosquito enorme que surgiu gritando por detrás da moita:

— O que pensam que estão fazendo no "meu" lago? Não viram a placa ali, não?

O pessoal, assustado, olhou procurando a tal placa que estava na entrada do lago.

— Como assim, "teu" lago? Essa placa não estava ali ontem! — Piriá gritou, nervoso.

Smilingüido, tentando acalmar todos, procurou conversar com o mosquito:

— Olha, senhor mosquito, nós sempre nadamos nesse lago e ele sempre foi de todo mundo. Por que o senhor está agindo assim?

O enorme mosquito começou a chorar tanto que até soluçou.

Todos se espantaram com o bicho: antes, malvado; agora, chorando daquele jeito.

— Sempre fui bonzinho — falou o mosquito. — Mas nunca prestaram atenção em mim. Meus colegas de escola brigavam comigo e riam de mim. Sniff... Dividia meu lanche com eles, mas sempre comiam tudo e eu ficava sem nada. Sniff... Por isso resolvi ser mau pra ninguém mais se aproveitar da minha bondade...

Todos da turma olharam uns para os outros e pensaram que aquela seria uma ótima oportunidade de falar do Criador para aquele triste mosquito. Smilingüido começou:

— Você parece estar bem triste! Mas eu conheço alguém que ama todas as criaturas!

— E também me ama? Sabe que eu existo? — perguntou o mosquito.

— Claro! Ele conhece e ama todos, inclusive você! Ele é o Criador, que nos fez e cuida de nós. Ele não liga se somos pequenos ou grandes. Nós, que o conhecemos, também queremos amar como ele. Podemos amar você e ser seus amigos.

— É bom saber que existe alguém que cuida de mim! E se vocês forem meus novos amigos, vou ficar muito mais alegre! Vamos nadar juntos?

Todos se animaram e pularam na água. (KF)

Você tem algum colega que está sempre "bravinho"?
Talvez ele mude se você for paciente e lhe falar do amor de Deus.

Planejando as férias

Dia 71

"Não conte vantagem a respeito dos seus planos para o futuro, pois você não sabe o que vai acontecer amanhã." Provérbios 27.1

As aulas estão terminando e as formiguinhas já começam a fazer planos para as férias. Os planos são tantos que a turma tem muito a conversar:

— Só falta uma semana para as férias, turma! Não vejo a hora de ter mais tempo para estar com a rainha Formosa! — diz Faniquita.

— É mesmo! Acho que vou aproveitar pra dormir até tarde na minha rede! — comenta Pildas.

— E eu, — diz Forfo — vou visitar as abelhas da Floresdeira. Talvez ganhe um pouco de mel! Hum... Que delícia!

— Delícia vai ser ganhar a competição de carrinhos de rolenozes! — diz Piriá.

— Nada disso — fala Smilingüido. — Não tem nada mais gostoso do que pegar o violão, sentar debaixo de uma árvore e cantar para o Senhor Criador!

Porém, no meio da conversa bate o sinal e todos vão para a sala de aula.

Mestre Formisã entra na classe e diz aos alunos que haverá mais duas semanas de aula. As formiguinhas ficam muito decepcionadas. E, ao ver a tristeza dos alunos, Formisã comenta:

— Vocês podem até fazer planos, pequenos, mas não se esqueçam de que só o Senhor Criador decide o que vai acontecer. Por isso, que tal pensarmos no dia de hoje?

Assim, mesmo decepcionados, os pequenos resolvem deixar as férias para depois e pensar na próxima lição. Afinal esse parece ser o plano do Senhor Criador para eles no momento. (RB)

Você tem planos para amanhã? Se algo não acontecer como você planejou é porque não era a vontade de D_____.

Dia 72

Não procure vingança

"Nunca diga: 'Vou lhe pagar com a mesma moeda. Vou acertar as contas com ele!'" Provérbios 24.29

— Quando eu pegar esse guri, vou deixá-lo com os dois olhos roxos! — disse Piriá bravo e chorando.

Naquela hora, mestre Formisã passava por ali e ouviu Piriá esbravejando.

— O que foi que aconteceu, Piriá? — Formisã perguntou.

Piriá esfregou o olho, que estava um pouco vermelho:

— Smi me bateu no olho com o cotovelo.

Mestre Formisã deu uma olhada e disse:

— Sinto muito que esteja machucado. Talvez tenha sido sem querer que Smilingüido bateu o cotovelo no seu olho! Você já pensou nisso?

— Mesmo assim dói! — disse Piriá, tampando o olho com a mão.

— Dói com certeza! E agora você quer deixar Smilingüido com os dois olhos roxos. Você acha que isso está certo? — mestre Formisã perguntou.

Piriá baixou a cabeça ainda emburrado. Então o mestre continuou:

— Piriá, fazer o mal a quem nos fez mal só piora a situação. Porém agir sempre com bondade faz a vida ficar melhor e agrada ao Senhor Criador.

— É... Mas isso não é nada fácil, hein, mestre? — concluiu Piriá.

Formisã concordou e foi buscar umas folhas para fazer uma compressa no olho do Piriá.

Enquanto Piriá aguardava, ficou pensando. Na verdade, ele sabia bem que não foi de propósito que Smilingüido bateu o cotovelo no seu olho. Foi sem querer. E a dor já estava passando. Pensou melhor e viu que fazer o bem era perdoar ao amigo e não deixar o mal tomar conta de seu coração, porque senão ele poderia ficar muito mais machucado, perdendo um grande amigo. (MS)

Por que fazer mal a quem nos fez mal só piora a situação? O que você faz quando um amigo te machuca?

Um momento com o Criador

Dia 73

"Pensarei em tudo o que tens feito, meditarei em todas as tuas obras." Salmo 77.12

— Eu não acredito que já está na hora de dormir! Nem estou com sono ainda! Sempre quando está bem legal, temos que parar de brincar! — disse Piriá, inconformado.

— É, tem razão! Estava tão bom! — falou Smilingüido.

Tanto ele quanto Piriá ainda querem brincar e se divertir mais. Contudo era hora de se arrumar para deitar e escovar os dentes.

— Mas amanhã com certeza vai ser um dia bem legal também! — disse Smilingüido, tentando consolar e convencer o amigo.

— Está bem! Vamos guardar os brinquedos e deitar. Amanhã a gente brinca mais — falou Piriá já abrindo a boca de sono.

Então os dois deitaram e logo Piriá pegou no sono. Para Smilingüido, como todas as noites, chegou um momento muito especial: de conversar com o seu grande amigo, o Senhor Criador. Smilingüido sabia que ele estava presente e ouvindo tudo e começou a orar baixinho:

— Senhor Criador, quero agradecer pelo dia de hoje. Me perdoe por ter desobedecido ao mestre quando fiz bagunça na aula. Ajude a Fani a sarar logo da gripe. Muito obrigado porque não faltou nada hoje: nem comida, nem abrigo. Cuide de nós nessa noite, nos proteja e nos dê um soninho gostoso. Ah! Obrigado pelos meus amigos! Eu amo o Senhor! Amém.

Depois Smilingüido pegou no sono tranquilo. E dormiu bastante para estar bem disposto para as brincadeiras do dia seguinte. (MS)

Você fala com Deus, em oração, antes de dormir?
Que tal fazer como o Smilingüido e contar para Deus como foi o seu dia, agradecer, pedir perdão pelos seus erros e ajuda nas dificuldades?

Dia 74

Um presente para a rainha

"Se você conhece o Deus Santo, então você tem compreensão das coisas." Provérbios 9.10b

As formigas estão entusiasmadas para entregar os presentes que fizeram para a rainha Formosa. Mas a rainha vê Pildas meio triste e pergunta por que ele está assim.

— Nada, rainha... — Pildas responde.
— Por que você está triste? — insiste Formosa.
— Eu queria lhe dar algo especial, mas não encontrei nada... — diz Pildas.
— Mas, e isso aí na sua mão? — pergunta a rainha.
— Ah, isso... Eu que fiz, mas acho que não está bom — diz Pildas.
— Posso ver? — pede a rainha.
— Claro que sim... É seu! — diz Pildas meio sem graça.

A rainha abre o pacote e tira uma escultura de argila.

— Obrigada, Pildas. Gostei muito do seu presente! — diz a rainha.
— Gostou? É tão simples... — fala Pildas.
— Realmente é simples, mas o que o torna importante é a sua intenção — diz a rainha.
— Intenção? — pergunta Pildas.
— Sim, o desejo do seu coração em me agradar quando fez este presente — explica a rainha. — Sabe outra coisa que me agrada?
— O quê? — pergunta Pildas.
— É saber que vocês são formigas que amam e obedecem ao Criador. O Livro da Vida diz que isso é o primeiro passo para sermos sábios. Saber que vocês estão aprendendo a ser sábios é um ótimo presente!

Pildas sai feliz e cheio de ânimo ao ouvir as palavras da rainha. (MM)

O que uma pessoa sábia fala e faz?
Qual é o primeiro passo para sermos sábios?

Uma bonita árvore

Dia 75

"Mas eu abençoarei aquele que confia em mim, que tem fé em mim, o Deus Eterno. Ele é como a árvore plantada perto da água." Jeremias 17.7-8a

O dia estava ensolarado. Formisã planejou uma aula fora do formigueiro e levou a turminha para um lugar onde havia apenas uma árvore.

— Pequenos, observem esta árvore. O que vocês veem?

— Oxente! Que sequinha! Até parece a árvore do sertão do nordeste!

— Pois é, Pildas! As árvores precisam de água para ficar bonitas. Quando estão perto do riacho, suas raízes sugam a água por baixo da terra e elas vivem bastante mesmo que demore a chover. Esta está sem água há muito tempo.

No outro dia, também na hora da instrução, eles estavam perto do riacho. Havia ali outra árvore, e suas folhas eram verdes. Estava carregada de frutas. A turma ficou embaixo dela e aproveitou para comer uns pedaços de frutas caídas.

— Puxa, isso é que é árvore! Já viste uma tão bonita, mestre?

— É realmente muito bonita, Piriá! Alguém saberia explicar o motivo?

— Eu sei, mestre! É porque ela fica perto do riacho! — Smilingüido respondeu.

— Muito bem, Smi! Por isso ela está assim tão verdinha. Vocês sabiam que o Livro da Vida diz que podemos ser como uma árvore bonita desse jeito?

— Como assim? — perguntou Forfo intrigado.

— Quando ficamos perto do Criador, somos como árvores bonitas próximas ao riacho. Mas quando ficamos longe dele, somos como uma árvore seca, sem vida. Perto dele, então, podemos dar muitos bons frutos, ajudando os outros.

— Mestre, eu sempre quero ficar perto do Senhor Criador e ser como uma árvore bem bonita e cheiiinha de frutos! — disse Faniquita.

— Todos podem ser! Basta confiar nele a cada dia, Fani! — concluiu o mestre. (JH)

O que é "ficar longe de Deus"? O que nos afasta dele? Que tal conversar com Deus e pedir para ser como uma árvore bonita e cheia de frutos?

Dia 76

Deus não faz nada errado

"... E Deus viu que o que havia feito era bom." Gênesis 1.25b

Faniquita estava cansada de esperar. Forfo estava atrasado, e eles iriam acabar perdendo a vista do pôr-do-sol. Então, ela viu algo se mexendo atrás da moita. Aproximou-se e escutou alguém choramingando. Perguntou, preocupada:

— Forfo, é você?

— Sou eu mesmo, Fani — Forfo apareceu com uma folha na cabeça.

— Mas... Por que você está com essa folha, assim?

— Estou com vergonha. Algumas formigas ficaram rindo da minha cara lá na escola. Disseram que eu sou gordo e que as minhas bochechas são enormes... Fiquei muito triste e decidi que vou me esconder debaixo dessa folha.

— Para com isso, Forfo. Tira essa folha da cabeça! Tira, vai...

— Não vou tirar, não, Fani. Todos riem da minha cara... — choramingou.

— Forfinho, quando a gente vai juntar gabiris, todas são iguais?

— O quê? Você está dizendo que tenho cara de gabiri? Até você, Fani?

— Não é isso. É apenas um exemplo. As gabiris são iguais?

— Não... Umas são grandes, outras pequenas...

— Então! Isso também acontece com a gente. Somos diferentes uns dos outros, mas o Criador nos ama de igual maneira. Sabe, Forfo, o Criador fez você assim, e ele nunca criou nada errado.

— É verdade: o Criador não faz nada errado e foi ele quem me criou — diz Forfo tirando a folha da cabeça. — Valeu, Fani!

Assim, os dois foram assistir finalmente ao pôr-do-sol. (MM)

Existe alguém igual a você?
Então, você é ú_____. E Deus, muito criativo.

Diferente ou especial?

Dia 77

"E, acima de tudo, tenham amor, pois o amor une perfeitamente todas as coisas." Colossenses 3.14

As formigamigas estavam brincando de esconde-esconde quando escutaram uma vozinha:

— Posso brincar também? — era uma formiguinha desconhecida certamente moradora de algum formigueiro vizinho.

Faniquita e Piriá entreolharam-se pensativos após observar a visitante. É que a formiguinha era diferente: ela tinha só uma antena, que era meio pequena, tortinha.

— Claro que pode! — respondeu Faniquita.

Entretanto Piriá ficou meio sem graça. Ele disfarçou e falou:

— Sabe o que é? É que eu já estou meio cansado! Não quero mais brincar. Fica pra próxima. Tchau...

Assim Piriá deixou os colegas e a formiga desconhecida para trás. Quando estava chegando perto do riacho, Forfo o encontrou e perguntou:

— Piriá, por que você não quer mais brincar?

— É que eu não queria brincar com aquela formiguinha. Tu viste a guria? Só tem uma antena... Rssss... — Piriá acabou confessando.

— Mas o que é que tem? Pra brincar de esconde-esconde ela precisa das pernas e não das antenas! — disse Forfo.

Piriá pensou, pensou... Realmente, ela era diferente; entretanto isso não a impedia de brincar como as outras formigas. E afinal ela também era uma criatura do Senhor. Piriá voltou correndo para brincar. A nova amiga já não era diferente como ele havia pensado: ela agora era especial como tudo o que o Senhor Criador faz. (MF)

O versículo de hoje diz que "o amor une todas as coisas". Então como você deve agir com as pessoas portadoras de deficiência?

Dia 78

Inverno, uma linda estação!

"Vejam os passarinhos (...) o Pai que está no céu dá de comer a eles." Mateus 6.26

— O que houve, rainha? Parece-me um tanto preocupada hoje.

— É, caro conselheiro Formisã. Você tem razão. Estou pensando na chegada do inverno. Parece que neste ano ele está vindo mais cedo.

— Sim, rainha, parece que sim. Mas o que há de errado nisso?

— O que há de errado? Observe como as folhas das árvores já caíram e como já estão ficando queimadas. Como vamos alimentar o formigueiro?

— Ora, rainha, por que se preocupar com isso? Não sabe que nossas operárias já trabalharam bastante durante a primavera e o verão, guardando comida suficiente para o inverno?

— Mas será que os alimentos vão dar para um inverno mais prolongado?

— Rainha, lembre-se do que o Senhor Criador nos ensinou no Livro da Vida. Ele cuida de todos nós sempre, em todas as situações: quando estamos preocupados, doentes... Nada acontece sem que ele perceba!

— Você tem razão, Formisã. Não devo mais pensar nisso. O Senhor Criador tem cuidado de nós. Nossos invernos sempre foram tempos de muita alegria no formigueiro. Vamos esquecer esse assunto e aproveitar o friozinho que já está começando. Afinal, o inverno é uma estação tão linda quanto as outras.

— Claro! É isso mesmo, rainha! (IP)

Você tem mais de um agasalho de inverno?
Que tal dar um deles para uma criança que não tem?
Assim você estará sendo usado por Deus para ajudar alguém.

Medo, eu?

"... O perfeito amor afasta o medo..." 1 João 4.18

Dia 79

Era um dia quente e ensolarado. Todos estavam descansando às margens do lago onde haviam acabado de tomar banho. Começaram então a relembrar como o Pildas tinha medo de água. Era tanto medo que nem aproveitava os deliciosos e refrescantes banhos no lago. Agora todos riam disso com ele.

— Vocês viram como o Pildas e eu pulamos lá do último trampolim? — indagou Smilingüido. — Parecia que íamos voar!

Todos riram descontraidamente; menos o Pildas, que parecia envergonhado!

— O que foi, Pildas? Não gostou da brincadeira? — perguntou Faniquita.

— Não é isso! É que na verdade eu estava com medo, mas queria parecer corajoso. Não tinha como voltar atrás depois que já estava lá em cima!

— Ué, achamos que você não tinha mais medo de água! — disse Faniquita.

— Dessa vez o medo era da altura... Ainda bem que o Smi estava lá e percebeu minha aflição. Nós oramos juntos pra que o Senhor Criador me ajudasse a superar esse medo também! Então demos as mãos e... pulamos!

— Deu um friozinho na barriga, mas foi gostoso! — completou Smilingüido.

— Sabem... Eu tinha, quero dizer, ainda tenho medo do escuro! — disse Faniquita.

— E eu tenho medo de besouros — confessou Piriá.

E assim, todos foram falando de algumas coisas de que sentiam medo. Agora, porém, eles sabiam que não eram os únicos e que, a qualquer momento, poderiam pedir a ajuda do Senhor Criador como fizeram Pildas e Smilingüido. (CVW)

De que você tem medo?
Que tal orar para que Deus ajude você a vencer esse medo?

Dia 80

Tudo tem seu tempo

"Agir sem pensar não é bom; quem se apressa erra o caminho." Provérbios 19.2

Smilingüido estava fazendo a tarefa de casa quando Pildas passou por ele.

— Smi, você pode me ajudar com a tarefa mais tarde? — Pildas perguntou.

— Claro, Pildas! Depois de ajudar o Talento e o Tolero, eu ajudo você.

Smilingüido estava sempre pronto a ajudar quem precisasse.

— Ih... Tenho que ajudar a rainha Formosa com a decoração da festa de aniversário do formigueiro. E preciso emprestar a botinha para o Piriá, levar os ingredientes pra Faniquita fazer o bolo da festa e ir até o quarto do Forfo pra conversarmos com o Senhor Criador.

Smilingüido saiu correndo: foi ajudar a rainha; depois, foi ao encontro da Faniquita, do Forfo, do Talento e do Tolero; levou a botinha para o Piriá e ainda ajudou o Pildas com a tarefa. Quando percebeu, já era hora da aula com o mestre Formisã.

— Mestre Formisã, não fiz minha tarefa... — disse Smilingüido, bem triste. — Fui ajudar uns amigos e não consegui fazer o que tinha que fazer. O senhor me desculpa?

— Claro, Smilingüido. Mas você deve aprender a organizar melhor seu tempo e ver o que é mais importante. É importante ajudar os amigos, mas você deve pensar se o seu tempo vai dar para fazer tudo o que você precisa fazer.

— Mas meus amigos não vão ficar chateados se eu não ajudá-los?

— Ninguém vai deixar de amá-lo se você não puder ajudar em alguma situação. Você aceitou fazer muitas coisas sem pensar antes se conseguiria resolvê-las e, agora, está cansado. E aquilo que você realmente deveria fazer, não fez.

— É verdade, mestre! — respondeu Smilingüido. — Vou conversar com o Senhor Criador e pedir pra ele me ajudar a pensar antes de dizer que vou fazer alguma coisa por alguém. Pode deixar que vou aprender a cuidar do meu tempo! (MP)

O que você precisa fazer antes de prometer um favor a alguém?

Que brincadeira, hein!

Dia 81

"Não devemos ser orgulhosos, nem provocar ninguém..." Gálatas 5.26a

Era uma linda manhã. Piriá e Pildas estavam brincando à beira de uma pedra, a uma altura razoável para eles.

— Eu não tenho medo de pular daqui! — disse Piriá, desafiando o amigo.

— Nem eu! — disse Pildas.

— Tens medo sim, Pildas! Provocou Piriá.

— Não tenho, *si minino*!

E foi um tal de "tem", "não tenho", que não acabava mais.

— Pula, então, pra provar que não tens medo! — Piriá desafiou por fim.

— Tá bom! — disse Pildas, pulando para mostrar coragem.

Só que a pedra era alta mesmo, e Pildas acabou machucando a perna, gritando de dor. Piriá riu, a princípio, até ver que Pildas estava falando sério:

— Espera aí, Pildas! Fica calmo! Vou buscar ajuda! — disse ele, saindo correndo.

No caminho, ficou pensando que não deveria ter insistido para o Pildas pular, porque sabia que era uma boa altura e ele corria risco de se machucar. Não havia agido direito com o amigo, querendo se mostrar mais corajoso do que ele.

"Senhor Criador, me perdoa por eu ter feito isso com o Pildas. Ajuda-me a ajudá-lo agora! Amém!" Piriá aproveitou para orar enquanto corria.

No formigueiro, ele conseguiu encontrar umas formigas-guardiãs disponíveis que logo socorreram Pildas e o levaram às formigas-enfermeiras. Depois que Pildas foi atendido e estava tudo bem, Piriá lembrou-se de falar:

— Pildas, agi errado insistindo pra tu pulares da pedra. Me perdoa, vai!

Pildas perdoou o amigo e eles combinaram de fazer outra coisa juntos no dia seguinte. Mas nada que tivesse a ver com grandes alturas. (ST)

Você provoca os amigos às vezes? Por que isso não é legal de se fazer?

Dia 82

Livro sem Palavras - Parte Um

"Pois todos pecaram e estão afastados da presença gloriosa de Deus."
Romanos 3.23

— Vocês já perceberam que o Criador fez o mundo todo colorido? Qual é a cor de que vocês mais gostam? — o mestre perguntou na hora da instrução.

— Gosto muito de amarelo, a cor da coroa da rainha — Faniquita logo respondeu.

Após cada um contar qual era sua cor preferida, o mestre disse:

— Durante alguns dias vou contar uma história de um Livro sem Palavras.

— Como assim, mestre? Como pode haver um livro sem nenhuma palavra?

— Trata-se de um livro só de cores no qual cada cor conta um pedaço da história, Forfo. E hoje começaremos com a primeira página, que tem a cor preta, pois fala do dia em que tudo ficou muito escuro.

— Oxente! Por que tudo ficou tão escuro assim, mestre? — perguntou Pildas.

— Quando o Senhor Criador fez Adão e Eva, tudo ia bem. Eles viviam perto dele e sempre lhe obedeciam. Mas alguém sabe o que aconteceu?

— Sei sim, mestre! Eles desobedeceram ao Senhor Criador.

— É isso mesmo, Smi! E sabem como ficou o coração deles? Ficou escuro como a cor preta da primeira página deste Livro sem Palavras. E isso aconteceu porque eles não foram obedientes ao Criador.

— Que pena, não é, mestre? — disse Taploft decepcionado.

— É realmente uma pena! Porque depois que isso aconteceu, todos são atingidos pela escuridão do pecado, que nos afasta do Criador.

— Isso quer dizer que nosso coração também ficou manchado, mestre?

— Isso mesmo, Piriá! Porém a história não termina por aí.

— Então como continua a história do Livro sem Palavras?

— Fani, amanhã vou mostrar a próxima página. Não faltem! (JH)

No Livro sem Palavras, o que representa a cor preta? O que é pecado? Você já cometeu pecados?

Livro sem Palavras – Parte Dois

Dia 83

"Porque Deus amou o mundo de tal maneira que deu o seu único Filho, para que todo aquele que nele crer não morra, mas tenha a vida eterna." João 3.16

Mal os pequenos haviam chegado para a instrução, Faniquita foi logo dizendo:

— Mestre, mestre! Como continua a história do Livro sem Palavras?

— Calma, Fani! Vamos esperar que todos se sentem. Agora vamos relembrar a história. Alguém lembra a cor da parte que ouvimos ontem?

— Eu lembro! Era a cor preta, porque todo mundo desobedeceu ao Criador.

— É isso mesmo, Forfo! Você realmente prestou bastante atenção! Agora vou virar mais uma página do livro. A próxima cor é… vermelho.

— Oxente! Por que vermelho, mestre? — perguntou Pildas curioso.

— Para entender isso precisamos lembrar que, por desobedecer ao Criador, ficamos longe dele. Mas ele nos ama e fez um plano especial!

— Que plano foi esse? — perguntou Forfo.

— O Filho do Criador, que morava com ele no céu, veio morar aqui na Terra. Porém Ele foi diferente de todos nós, porque sempre obedeceu ao Criador.

— Então quer dizer que não havia nenhuma mancha no coração dele?

— Isso mesmo, Smi. Ele veio sofrer e morrer numa cruz para que nós pudéssemos viver perto de seu Pai. Entretanto, ele tornou a viver. E a cor vermelha nos lembra o sangue derramado em sua morte.

— Mas por que ele teve que fazer isso, mestre? — perguntou Faniquita.

— Para limpar as manchas do nosso coração.

— E o que eu preciso fazer pra que o Filho do Senhor Criador limpe as manchas do meu coração? — perguntou Flau.

— Isso já é outra parte da história. E só contarei amanhã. Por isso, não percam a hora da instrução! (JH)

Se você pecou, ou seja, desobedeceu a Deus, seu coração está manchado. Quem morreu numa cruz para tirar essa mancha?

Dia 84

Livro sem Palavras – Parte Três

"Mas, se confessarmos os nossos pecados a Deus, ele cumprirá a sua promessa e fará o que é justo: perdoará os nossos pecados e nos limpará de toda maldade." 1 João 1.9

— Sobre qual cor será que o mestre nos ensinará hoje?
— Sei não, menina Fani. Mas já está quase na hora da instrução!
— Será que é a cor da minha botinha? Ou a cor da coroa da rainha? Ou...
— Acho que estás enganada! Lembra que o livro começou com a cor preta?
— Sim, era preto para lembrar que desobedecemos ao Senhor Criador.
— Oxente! Depois, o livro ficou vermelho, porque o Filho do Senhor Criador derramou seu sangue pra limpar todas as manchas do nosso coração.
— Então, agora deve ser uma cor bem bonita, bem alegre!
Mais tarde, na hora da instrução, o mestre continuou a história...
— Pequenos, o Livro sem Palavras continua com a cor branca!
— Branca???? — perguntaram todos juntos.
— Sim, branca. Porque quando reconhecemos nossos pecados, podemos falar com o Criador em oração, pedindo perdão. Então ele nos perdoa e limpa nosso coração.
— Acho que entendi! Então o que era preto ficará branco? — perguntou Smilingüido.
— Isso mesmo, porque o Filho do Senhor Criador morreu em nosso lugar para limpar todas as manchas, deixando nosso coração branquinho e limpo!
— Eu achava branco tão sem graça! Mas agora vejo que também é bonito!
— Além de bonito, Fani, todos aqueles que têm o coração limpo, sem manchas, recebem um presente especial do Criador.
— Que presente? — perguntaram juntos.
— Para saber qual é o presente venham amanhã para a hora da instrução!
— Ahhhhh! — exclamaram curiosos para saber qual era o presente. (JH)

No Livro sem Palavras, o que representa a cor branca? O que você deve fazer para ter um coração limpo, sem as manchas do pecado? Que tal fazê-lo agora?

Livro sem Palavras – Parte Quatro

Dia 85

"Porque o salário do pecado é a morte, mas o presente de Deus é a vida eterna para quem está unido com Cristo Jesus, o nosso Senhor." Romanos 6.23

— Qual será o presente que o mestre falou na aula, hein? Fiquei curiosa.
— Oxente! Menina! Não tenho a menor ideia, mas queria que fosse um saco bem grande de farinha de rosca! — Pildas respondeu à Faniquita no caminho para a hora da instrução.
— Bom mesmo seria ganhar um saco cheinho de gabiris! — disse Piriá.
— Na verdade, acho que o mestre não quis dizer nada disso aí, não!
— O que ele quis dizer então, Smi? — perguntou Faniquita.
— Vamos esperar, pois já está quase na hora da instrução!
Ao chegar na sala de aula, vendo que estavam curiosos, o mestre falou:
— Olá, pequenos. Vamos continuar a história do Livro sem Palavras. Já vimos as cores preta, vermelha e branca. Hoje a cor é... — disse o mestre virando a página.
— Olhem! — gritou Faniquita. — É a cor da coroa da rainha! Amarelo é minha cor favorita!
— E você verá por que a história continua com a cor amarela, Fani. Ontem falei sobre um presente que recebemos quando pedimos perdão ao Criador, lembram? Esse presente é a vida eterna.
— Vida eterna? Oxente! Mas que presente é esse, mestre? E por que é amarelo?
— Vida eterna significa que poderemos viver para sempre ao lado do Senhor Criador. Ele está preparando um lugar especial no céu para todos aqueles que o amam. Lá ninguém mais ficará triste. Será um lugar lindo, com ruas de ouro e de cristal.
— Então é por isso que a cor do livro hoje é amarela: por causa do ouro!
— Isso mesmo, Piriá.
— Não vejo a hora de morar num lugar lindo assim! — disse Faniquita, suspirando.
— Enquanto isso não acontece, precisamos aprender sobre mais uma página do Livro sem Palavras. Mas só amanhã! Que tal irmos lanchar agora? — disse o mestre Formisã. (JH)

O que é vida eterna? Por que ela é representada pela cor amarela?

Dia 86

Livro sem Palavras – Parte Cinco

"Sejam como criancinhas recém-nascidas, desejando sempre o puro leite espiritual, para que, bebendo dele, cresçam e sejam salvos." 1 Pedro 2.2

Formisã chamou a turma para ir à Floresdeira. Todos arrumaram as coisas e foram muito animados. Naquele dia, o mestre contaria a última parte da história do Livro sem Palavras. Ao chegarem lá, perceberam que havia um gramado imenso e bem verdinho. Viram também que vários humanos estavam por ali se divertindo. A turma parou e ficou observando.

— Eu lembro que essa parte da Floresdeira era feia... — disse Faniquita.

— Pois é, Fani. E agora é bem verde e cheia de vida. Vocês estão vendo esse lindo gramado? Sua cor verde é exatamente como a cor da última página do Livro sem Palavras — o mestre aproveitou.

— Mas eu não estou entendendo por que hoje é a cor verde!

— Antigamente aqui era feio e sem vida. Porém alguns humanos descobriram este lugar e plantaram mudas de grama que, com o passar do tempo, foram recebendo água e calor do sol até crescer e formar este lindo jardim.

— Por isso os humanos vêm até aqui fazer piquenique? — perguntou Forfo.

— Exatamente! Vocês acham que a grama cresceria se não tivesse recebido luz e água?

— Acho que não, mestre! — disse Smilingüido.

— E o Livro da Vida diz que, para que cresçamos saudáveis, conhecendo mais e mais o Criador, também precisamos nos alimentar. E isso significa orar ao Senhor Criador e conhecer o Livro da Vida.

— Ahhh! Então, por isso a cor verde... Lembra: se alimentar pra crescer!

— Isso mesmo, Piriá!

— Esse final da história está me dando vontade de fazer um lanchinho... Afinal, nosso corpo também precisa crescer, né, mestre? — disse Forfo, sorrindo. (JH)

O que é preciso fazer para conhecer mais a Deus? Isso é representado pela cor v_____.

Paz na terra

Dia 87

"Procurem ter paz com todos..." Hebreus 12.14a

— Não admitirei tal coisa! — gritou Piriá do alto de um monte de terra.

— Pois então, reaja! — revidou Pildas do outro lado. — Chamarei meus soldados e farei a defesa do meu território!

— *Teu* território?! Pois então saberemos de quem ele será em menos de um minuto. Todos prontos? À luta, pessoal!

E os dois avançaram, um em direção ao outro, correndo rapidamente diminuindo a distância que os separava.

Smilingüido, que passava por ali, observou aquela cena de boca aberta e, sem pensar duas vezes, saiu correndo para cruzar o caminho dos dois e evitar uma tragédia. Mas... BUM!!! Caíram os três, fazendo um bolo de poeira no chão.

— O que está acontecendo? — perguntou Smilingüido, surpreso. — Que briga é essa?

— A gente é que pergunta o que está acontecendo! — respondeu Piriá. — Tu nos derrubaste e atrapalhaste nossa brincadeira!

— Não estávamos brigando, Smi! Estávamos brin-can-do! — explicou Pildas.

— Que brincadeira, hein? — reclamou Smilingüido. — Achei que vocês queriam bater um no outro.

— Ô, Smi! Eu e meu amigo Pildas aqui nos entendemos. A luta era de brincadeirinha! — comentou Piriá.

— É uma brincadeira de guerra. Mas fica tranquilo, *bichim*! Olha só: "Meu exército, me escute: estamos em paz! De hoje em diante, viveremos bem com o exército do general Piriá!" — discursou Pildas. — Está melhor assim, Smi?

— Com certeza! — ele riu. — Assim é bem melhor! Paz na Terra! O Senhor Criador fica feliz com essa união. E eu, aliviado! (AF)

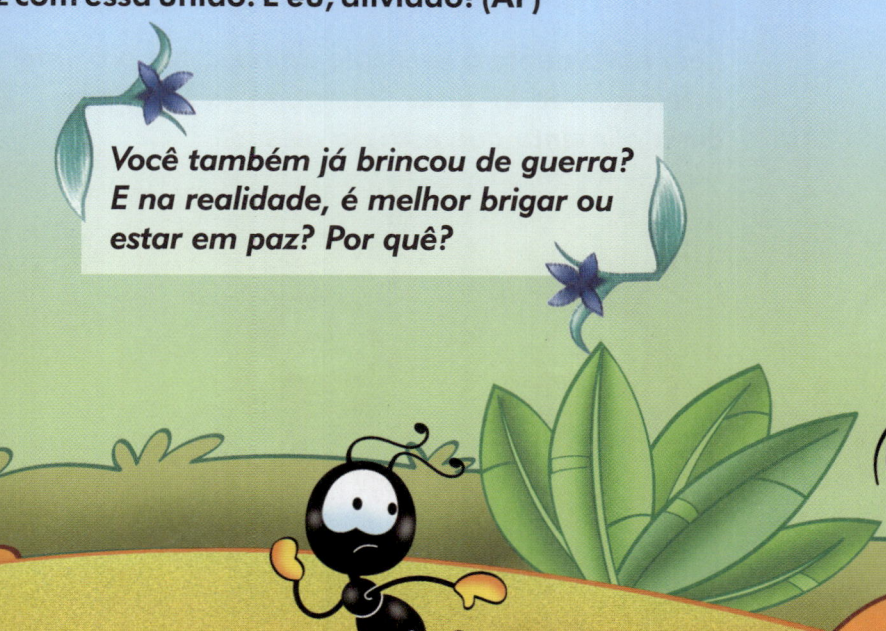

Você também já brincou de guerra? E na realidade, é melhor brigar ou estar em paz? Por quê?

Dia 88

Tudo o que Deus faz é bom!

"Tudo o que Deus criou é bom e, portanto, nada deve ser rejeitado. Que tudo seja recebido com uma oração de agradecimento." 1 Timóteo 4.4

Certo dia, serviram morango como sobremesa. Piriá nem tocou nele.

— Não gosto de morango! — disse ele.

— Como você sabe que não gosta se nunca experimentou? Mas, se não quer mesmo, posso comer o seu pedaço? — ofereceu-se Pildas.

— Podes comer. Não quero — disse Piriá, empurrando o pedaço de morango.

Dias depois, os pequenos saíram para passear. Distraído, Piriá se afastou da turma e de repente se viu perdido. Teve medo, mas orou e logo se sentiu melhor:

"Eles vão me achar! Eles precisam passar por aqui", pensou ele.

Assim, ficou esperando. O tempo passou; entretanto, nada aconteceu. Piriá começou a sentir fome. Ele não tinha nenhuma comida, mas sabia que na Floresdeira sempre se acha alguma coisa para comer. Começou a procurar e logo encontrou:

— Morangos nãããoooo! Detesto morangos. Deve ter outra coisa por aqui.

Procurou, mas não achou mais nada. E sua barriga começou a roncar.

"Pode ser que demore até eles me acharem", pensou ele.

Com cara feia, mordeu um morango. Então, sentiu como era doce e gostoso. Mordeu mais uma vez. E mais uma... E não parou mais de comer. Naquele momento, os outros o acharam.

— Piriá, você nunca gostou de morango! — admirou-se Pildas.

Piriá passou a mão na barriga, lambeu os lábios e disse:

— Eu não sabia que ele era tão doce e gostoso. Não deveria ter dito que não gostava; afinal, nunca tinha experimentado antes — confessou Piriá.

Todos deram risada e voltaram para o formigueiro. (MS)

Leia novamente o versículo de hoje. Na próxima refeição, que tal dizer "obrigado" a Deus por cada alimento que está na mesa?

A chegada do frio

Dia 89

"Entreguem todas as suas preocupações a Deus, pois ele cuida de vocês." 1 Pedro 5.7

A época em que as folhas caem está no fim, e logo chegará o frio. Por isso, todos os insetos da Floresdeira já começaram a se preparar e as formigamigas estão trabalhando bastante para guardar alimento.

Hoje por exemplo, as formigas foram até a Floresdeira para buscar folhas e sementes. Enquanto carregava uma folha bem pesada, Pildas viu uma borboleta que parecia estar perdida.

— Posso ajudá-la, dona Borboleta? — ofereceu ele.

— Por acaso você viu um grupo de borboletas por aí? — perguntou ela, preocupada. — Preciso encontrá-las antes que viajem!

— *Oxente!* Vocês vão pra onde? — quis saber Pildas.

— Vamos fugir do frio. Sempre viajamos para um lugar quente quando o frio se aproxima — explicou a borboleta. Porém ela estava tão nervosa que nem esperou Pildas responder e saiu voando para procurar seu grupo.

Pildas continuou seu trabalho pensando no que tinha acabado de acontecer. Ele não sabia por que borboletas precisavam voar em grupos, por isso também não entendia por que aquela borboleta estava tão ansiosa. Afinal, ainda faltavam vários dias para a chegada do frio e ela ainda poderia encontrar suas amigas. Então Pildas percebeu como era bom confiar no Senhor Criador! As formigas não se preocupavam com o frio porque já haviam trabalhado bastante para o formigueiro não ficar sem alimento. Afinal, sabem que o Senhor Criador cuida de toda a criação e não abandona nem mesmo as formiguinhas. (RB)

O que deixa você ansioso? Segundo o versículo de hoje, quem cuida de nós?

Dia 90

Conversando sobre criação

"Tudo o que Deus criou é bom..." 1 Timóteo 4.4a

Smilingüido, Faniquita, Pildas, Forfo e Piriá estão fazendo um piquenique na Floresdeira. É uma tarde quente e ensolarada e as formiguinhas aproveitam para brincar. Depois de nadarem no lago, os amigos se sentam à sombra de uma árvore para descansar um pouco. Então Faniquita comenta:

— Vocês sabem que às vezes olho pra natureza e fico imaginando como o Senhor Criador conseguiu criar tudo isso?

— Eu também! — diz Smilingüido. — Dá pra imaginar que nem havia luz quando o Senhor Criador fez os céus e a terra?

— *Oxente!* E ele também criou a luz! Foi aí que surgiu o dia! — fala Pildas.

— E depois de separar as águas da terra seca, o Senhor Criador fez as plantas! — acrescenta Piriá.

— Essa é a melhor parte! — diz Forfo. — Daí ele criou as frutas, que eu gosto tanto!

— Acontece que a gente nem existia ainda, seu guloso! — brinca Faniquita.

— Isso mesmo, guria! Primeiro, o Senhor Criador fez o sol, a lua e as estrelas para nos iluminar! — explica Piriá.

— Então, quando a terra já estava prontinha, o Senhor Criador formou essas criaturas *arretadas* que são as formigas! — sorri Pildas.

— E não só as formigas, mas todos os insetos, os peixes, as aves e até aqueles bichos grandes, os humanos! — completa Smilingüido.

— O bom é saber que tudo o que o Senhor Criador fez é perfeito! — diz Faniquita.

— Até as aranhas que comem as pobres formigas? — pergunta Forfo.

— Tudinho! — diz Pildas. — Tudo o que o Senhor Criador fez é bom! Então, vamos aproveitar! (RB)

Quem criou você?
E tudo o que Deus criou é _____.

O prêmio vai para...

Dia 91

"Amem uns aos outros com carinho de irmãos em Cristo e em tudo deem preferência uns aos outros." Romanos 12.10

Finalmente o dia havia chegado. Pildas e Forfo estavam ansiosíssimos! Era o dia em que seria divulgado o ganhador do prêmio de maior colaborador do abastecimento do formigueiro na categoria "Pequenos". E os dois amigos estavam no topo da lista! Eles haviam trabalhado bastante, trazendo grãos para o formigueiro, fazendo muitas viagens com o carrinho.

— Acho que o Forfo ganha! — comentou alguém. — Ele aguenta mais peso.

— Eu aposto no Pildas! — o outro respondeu. — Ele é muito rápido! Parece que já tem 120 grãos no estoque. O Forfo só tem 113.

Faltava a última viagem. O tempo estava acabando. E Forfo e Pildas corriam o máximo para encher seus carrinhos. Foi quando o carrinho de Forfo caiu. Ele ficou muito triste! Pildas parou para ver o que tinha acontecido.

— Derrubei tudo no chão! — choramingou Forfo. — Não vou chegar a tempo...

— Ei, Forfo, não desanime! Vamos ajuntá-los! — ofereceu-se Pildas.

Carrinho cheio, Forfo saiu correndo (com cuidado para não cair outra vez). E Pildas? Ele não teve muito tempo para pegar todos os próprios grãos. E na contagem final, Pildas tinha 124 grãos, e Forfo, 130!

— O prêmio vai para... FORFO!!!!! — anunciou a rainha.

Todos bateram palmas; inclusive Pildas. Ao perder a competição, Pildas ficou chateado, mas depois se sentiu feliz por ter ajudado seu amigo. Durante a premiação todos prestaram muita atenção no que a rainha falou para o Pildas:

— Sua atitude, Pildas, nos lembra o que o Criador fez por nós. Ele nos ama tanto que mandou seu Filho deixar tudo o que tinha junto a ele e vir ao mundo para nos ajudar. Por isso podemos contar com a ajuda dele em qualquer situação difícil! (AF)

Qual foi a comparação que a rainha fez entre a atitude de Pildas e a de Deus? Você também é capaz de pensar antes no amigo e depois em si mesmo?

Atividade :)

Vamos colorir?

Descubra quais são os sete erros:

Atividade :)

Bola colorida - lenço da cabeça da avó - boca da avó - pé da formiga do meio - carrinho azul - peteca - puxador da luminária

Atividade :)

Qual dos 3 círculos abaixo completa a figura?

1 2 3

Resposta: 3